Georg Geßner

Da lacht das Herz im Leibe

Georg Geßner

Da lacht das Herz im Leibe

Schmunzeleinheiten

Verlag Butzon & Bercker Kevelaer

Die Deutsche Bibliothek – CIP-Einheitsaufnahme

Da lacht das Herz im Leibe : Schmunzeleinheiten/
Georg Geßner. – Kevelaer : Butzon und Bercker, 1999
ISBN 3-7666-0239-X

ISBN 3-7666-0239-X

Umschlaggestaltung: Christoph Kemkes, Geldern
Satz: prima nota GmbH, 34497 Korbach
Druck und Bindung: Druckhaus Thomas Müntzer, Bad Langensalza

Inhalt

Vorwort

Irgendwo habe ich den Satz gefunden: „Der liebe Gott muß, um seine Schöpfung zu ertragen, sehr viel Humor besitzen." Und bei Chesterton lese ich: „Gott hat auch Humor, denn er hat den Menschen geschaffen." Damit wäre der Humor quasi unter die göttlichen Eigenschaften zu rechnen.
Steigen wir einmal nicht so hoch hinauf, sondern bleiben auf unserer Erde, so dürfen wir aber vielleicht doch sagen: „Humor ist eine göttliche Eigenschaft im Menschen, damit der Mensch mit den Gegebenheiten dieser Welt leichter zu Rande kommt."
Die Geschichten dieses Buches wollen uns helfen, diese bejahende Kraft für unseren Alltag lebendig werden zu lassen. Sie führen uns in die Welt der Kinder und Jugendlichen und lassen uns teilhaben an deren unbekümmerter Offenheit, Spontaneität und Unbefangenheit, die uns Erwachsenen immer wieder ein Schmunzeln entlocken. Kinder bringen die Wahrheiten ans Licht, über die sonst „vornehm" der Mantel des Schweigens gebreitet wird. Ohne Respekt dekken sie die Kluft zwischen den hochtrabenden Ansprüchen der Erwachsenen und der eher bescheidenen Wirklichkeit auf. Oder sie schlagen halsbrecherische Brücken darüber und schenken uns damit ungewollte Heiterkeitsmomente.

Sie an diesen teilhaben zu lassen, versuche ich mit den vorliegenden Geschichten, und zwar ganz im Sinne von Ephraim Kishon, der einmal schrieb: „Ein Satiriker produziert keine Witze. Er entdeckt sie nur."
Viel Spaß beim Lesen!

Georg Geßner

Mit Humor durch das Jahr

Der Angler

Andreas angelt unten am Fluß. Da kommt der Pfarrer vorbei, bleibt stehen und schaut ihm zu.

„Haben Sie auch schon einmal einen zwei Meter langen Fisch gefangen?" fragt Andreas herausfordernd.

„Ja, früher einmal", sagt der Pfarrer, „aber als ich dann Pfarrer geworden bin, habe ich das Lügen aufgegeben."

Andreas grinst und erzählt weiter drauflos: „Wissen Sie, Herr Pfarrer, ich bin beim Angeln immer so fürchterlich aufgeregt und schwitze richtig."

„Das erstaunt mich aber", meint darauf der geistliche Herr, „ich habe gedacht, daß Angeln sehr beruhigend sei."

„Ja, im allgemeinen schon", räumt Andreas ein, „aber nur, wenn man einen Angelschein hat."

Die Schuluntersuchung

Bei der Schuluntersuchung muß Heiko zunächst ein paar Fragen beantworten. „Haben deine Eltern mit Zahnweh zu tun?" will die Arzthelferin wissen.
„Ich glaube nicht", antwortet Heiko, „denn ihre Zähne stehen nachts ja immer im Bad."
„Leidet dein Vater an Haarausfall?"
„Nein, der hat ja eine Glatze."
Als Heiko nachher zum Doktor kommt, fragt der ihn: „Hast du irgendwelche gesundheitliche Probleme?"
„Nein, hab' ich nicht."
„Auch keine Probleme mit der Nase oder den Ohren?"
„Oh ja, doch!" meint Heiko ohne Zögern. „Jeden Tag, wenn ich früh am Morgen den Pullover über die Ohren und die Nase ziehen muß."

Die Sternsinger

Die Sternsinger stehen vor dem Gartentürchen von Herrn Schuster und erbitten eine großherzige Spende.
„Da hab' ich ja die Richtigen erwischt", schimpft der. „Ihr seid doch die Kinder, die gestern mit dem Fußball mein Fenster zertrümmert haben und dann weggerannt sind."

„Aber heute sind wir die Heiligen Drei Könige", versichert Dominik, „und die hatten mit Fußball überhaupt nichts im Sinn."

Der Sportler

Helmut hat ein paar Pfunde zuviel und daher so einige gesundheitliche Probleme. Deswegen sitzt er heute im Wartezimmer des Arztes und ist froh, als er endlich drankommt.
„Na, wo fehlt es denn?" fragt der Arzt freundlich.
„Immer wenn ich die Hände zum Knie herunterstrecke und dabei meinen Rücken krumm mache, ein Bein hochhebe und die Hände langsam wieder hochziehe, habe ich so schlimme Schmerzen im Kreuz", klagt Helmut.
„Aber dann lassen Sie doch um Gottes willen solche Kunststücke bleiben", rät der wohlmeinende Arzt.
„Kunststücke nennen Sie das?" empört sich Helmut. „Wie ziehen denn Sie sich jeden Morgen die Hose an?"
„Auf jeden Fall rate ich Ihnen, ein paar Pfunde abzuspecken und vielleicht auch Sport zu treiben", fährt der Arzt unbeeindruckt fort. „Haben Sie vielleicht ein besonderes Interesse an einer bestimmten Sportart?"

„Am Briefmarkensammeln, ja“, antwortet Helmut spontan.
„Ich dachte eher an eine Sportart mit mehr Bewegung.“
Ein paar Tage später trifft der Doktor seinen Patienten zufällig auf der Straße. „Wie geht es Ihnen?“ fragt er interessiert.
„Oh, ein ganzes Stück besser“, schnauft dieser. „Ich habe Ihren Rat befolgt und gehe jetzt oft zum Sport: Tennis, Volleyball, Handball ...“
„Aber, aber ...“, hebt der Doktor besorgt den Zeigefinger, „für den Anfang nur nicht übertreiben.“
„Keine Angst“, erklärt Helmut. „Ich nehme mir natürlich immer einen Sitzplatz.“

An der Kinokasse

Der Film läuft schon sechs oder sieben Wochen im Kino, da kommen gleichzeitig – wie der Zufall so will – die beiden Erzfeinde Michael und Niki an die Kinokasse gestürzt. Die zwei sind schon lange einander nicht grün. Besonders Michael regt sich gleich auf und fängt an zu schimpfen: „Da bist du ja wieder, du blöder Kerl! Hau ab! Auf alle Fälle laß' ich so einem Blödmann keinen Vortritt!“
„Aber ich!“ sagt der Niki ganz cool und macht dem verdutzten Michael galant Platz.

Ordnungshüten schwergemacht

Julia fährt mit ihrem Fahrrad sehr riskant durch die belebte Fußgängerzone, weil da, wo die Leute mit ihrem Auto nicht hinfahren können, ja meistens auch keine Polizisten sind. Aber heute ist einer da – und Julia muß von ihrem Fahrrad absteigen. Sie will es zuerst mit Humor probieren und sagt, daß sie ihren Namen vergessen habe und daß ihr der Polizist erst einmal das Stadtadreßbuch vorlesen könne, damit ihr der Name vielleicht wieder einfällt.

Aber der Polizist hat keinen Humor und bittet sie nochmals, endlich ihren Namen zu nennen.

„Hofmeyer, ohne ch", sagt darauf Julia.

„Wie bitte?" fragt der Polizist irritiert noch einmal nach.

„Hofmeyer, ohne ch", wiederholt Julia.

Jetzt stutzt der Ordnungshüter und nimmt erst einmal seinen Stift vom Blatt: „Wieso? Hofmeyer schreibt man doch gar nicht mit ch?"

„Das habe ich Ihnen doch jetzt schon zweimal gesagt!" lacht Julia schelmisch.

Der Polizist läßt sich von seinem Ärger, daß er nicht gleich erkannt hat, wie er auf den Arm genommen wird, nichts anmerken. Er gibt Julia mit strengem Gesichtsausdruck den Strafzettel, auf dem anstatt zehn Mark jetzt zwanzig Mark steht.

Später hat er aber anscheinend doch noch in das Stadtadreßbuch geschaut und gemerkt, daß es ja gar keine Julia Hofmeyer in der Stadt gibt.
Dann hat er Julia gezeigt, wie schlau die Polizei sein kann, wenn sie will. Julia hat nicht schlecht gestaunt, als plötzlich der Polizist mit einem Kollegen als Verstärkung vor ihrer Wohnungstür aufkreuzt und sie fragt, ob sie vielleicht gemeint hätte, daß er dümmer wäre, als die Polizei erlaubt, und was sie zu dem Vorfall jetzt zu sagen habe.
„Nicht viel", redet sich Julia heraus, „ich hab' halt so eine Wut im Bauch gehabt, daß ich mich selber nicht mehr gekannt habe!"

Die Kopfverletzung

Berthold ist nachts auf dem Heimweg mit seinem Fahrrad gestürzt. Beim Frühstück lachen sich seine Geschwister über sein blaues Auge und seine Beule auf der Stirn halb tot und sparen sich auch den Kommentar nicht, daß er aussehe wie ein Raufbold auf Urlaub.
Sein Meister in der Lehrwerkstatt schickt ihn, als er zur Arbeit kommt, gleich zur Sanitätsstation. Dort fragt der Sanitäter: „Hat man inzwischen schon kalte Umschläge über dein Auge gemacht?"

„Nein", erklärt Berthold, „nur immer blöde Witze."
Als Berthold dann gerade noch rechtzeitig zur Frühstückspause in die Lehrwerkstatt zurückkommt und die Kameraden den dicken Verband um seinen Kopf sehen, staunen sie nicht schlecht, und einer kommentiert: „Da bist du anscheinend ganz schön auf den Kopf gefallen."
„Nein, ihr Blödmänner", gibt Berthold gereizt zurück. „Ich bin auf den Po gefallen – mir ist bloß der Verband verrutscht."

Radfahren muß gelernt sein

Die neunjährige Katharina hat zum Geburtstag ein neues Fahrrad geschenkt bekommen. An einem sonnigen Nachmittag macht sie mit ihrem Vater eine Fahrradtour. Sie fahren mit ihren Rädern eine abschüssige Straße hinunter, da passiert es: Dem Vater läuft ein Fußgänger vors Rad. Als der sich mit Mühe wieder hochgerappelt hat, meint Katharina zu dem – Gott sei Dank – unverletzt gebliebenen Mann: „Da haben Sie aber großes Glück gehabt! Mein Vater fährt sonst immer einen Lastwagen."

Arbeitslos

Jürgen sitzt mit seinen Kameraden abends in der Kneipe. Aber er kann sich kein Bier leisten, weil er arbeitslos und dazu noch ein wenig arbeitsscheu ist.
Da sagt Elmar zu ihm: „So ein junger Kerl wie du! Ich glaub' einfach nicht, daß du keine Arbeit finden kannst. Hat dir denn wirklich noch keiner Arbeit angeboten?"
„Nur ein einziges Mal", gibt Jürgen treuherzig zu. „Aber sonst waren die Leute immer freundlich zu mir."
Da müssen zwar alle lachen, raten ihm aber, gleich am nächsten Tag zum Arbeitsamt zu gehen, um sich nach einer Arbeitsstelle zu erkundigen.
Am Abend fragen sie sofort, ob er erfolgreich war.
„Nein", sagt Jürgen etwas deprimiert. „Ich war heute früh beim Arbeitsamt und habe mir die Stellenausschreibungen genau angeschaut – aber die suchen ja alle Arbeitskräfte beiderlei Geschlechts. Und wer hat das schon?!"

Der Sonntagsausflug

Die Familienwanderung den Berg hinauf zum Aussichtspunkt hat die Kinder mißmutig gemacht. Der Vater möchte die Stimmung retten und versucht, seine Familie aufzumuntern: „Da schaut euch mal den Dampfer auf dem Main und den Schäfer mit seinen Schäfchen und seinen zwei Hunden da drüben auf der Wiese an! Und die schönen Häuschen der Dörfer dahinten – ist das nicht alles wunderschön?“ Aber mit Peter ist heute nichts mehr anzufangen, und er meint: „Ich möchte nur wissen, warum du uns heraufgeschleppt hast, wenn da unten alles so schön ist!“

Schwachstellen

Mechtild will den Freddy am Sonntag mit in die Kirche nehmen.
„Ich gehe grundsätzlich nicht in die Kirche“, erklärt Freddy, „denn ich glaube nur, was ich mit meinem Verstand begreifen kann.“
„Dann verstehe ich freilich, daß du gar nichts glauben kannst“, meint Mechtild darauf.
„Du mußt das verstehen“, verteidigt Freddy sich, „Religion ist halt meine Schwäche!“
„Du scheinst aber noch mehr Schwächen zu haben: zum Beispiel die Trinkerei!“

„Nein, ganz im Gegenteil!" protestiert Freddy, „das ist eine von meinen Stärken."
Als sie am Nachmittag in der Waldwirtschaft einkehren, bestellt Freddy sich gleich einen Korn und ein Bier zum Einstieg. Da macht ihm Mechtild aber auch gleich Vorhaltungen, ob er vielleicht tatsächlich ein Alkoholiker sei.
„Was denn", regt sich Freddy daraufhin auf, „soll ich mein Bier denn vielleicht trocken runterwürgen?"
Und dann gibt er erst richtig an: „Was weißt denn du, was ich alles vertragen kann? Wenn ich das Geld noch hätte, was ich schon alles versoffen habe – Menschenskind, was könnte ich da trinken!"
Jetzt redet ihm Mechtild aber ernstlich zu: „Das gefällt mir gar nicht, wie du daherredest. Es wäre klüger, du brächtest dein Geld auf die Sparkasse, anstatt es zu vertrinken!"
Da wehrt sich Freddy: „So dumm bin ich aber nicht! Wenn ich im Wirtshaus einen Cognac bestelle, kriege ich vierzig Prozent, auf der Sparkasse nicht einmal vier!"
„Du kannst deine dummen Sprüche ruhig sein lassen!" sagt darauf Mechtild, „mich hast du jedenfalls zum letzten Mal gesehen, wenn du dich nicht auf der Stelle besserst! Und das meine ich ernst! Ich geh'!"
Bums, das hat gesessen und gewirkt! An dem Abend hat sich Freddy entschlossen, mit dem

Trinken aufzuhören – und er hat sich fest vorgenommen, hart gegen sich zu sein. Wenn er jetzt abends in der Kneipe ein Bier trinken will, würfelt er vorher – und er geht nur, wenn er eine Sechs würfelt. Am letzten Sonntag hat er neunundfünfzigmal würfeln müssen!

Pechvogel

Klaus will seinen Freund David zum Fußballtraining abholen. Aber David ist noch nicht fertig und meint, daß Klaus noch ein paar Minuten im Haus warten solle.
„Nein, ich will jetzt lieber nicht reinkommen", sagt Klaus. „Ich habe ganz dreckige Füße."
„Aber das macht doch nichts", erwidert David. „Du hast doch Schuhe an."
Klaus weiß zwar, daß er einen zweifelhaften Ruf als Schmutzfink genießt, aber dies geht ihm doch zu weit. So läßt er David stehen und geht allein in Richtung Sportplatz. Weil er noch viel Zeit hat, wählt er den Weg am Bach entlang durch die Wiesen.
Schließlich kommt er fast noch zu spät in die Umkleidekabine, wo sich inzwischen auch David eingefunden hat. Als Klaus hereinkommt, rümpfen alle die Nase, und Bernd sagt: „Du stinkst ja, als wenn du in eine Mistgrube gefallen wärst."

Klaus wird rot im Gesicht und erzählt, daß er bloß drüben auf der Wiese ausgerutscht und dann ins Gras gefallen sei.
„Aber so sieht doch kein Gras aus", meint Peter.
„Und so stinkt Gras auch nicht", ergänzt Andreas.
Schließlich räumt Klaus verschämt die Wahrheit ein: „Es ist ja auch Gras gewesen, das die Kühe schon gefressen hatten."

Vorsicht Hund

Karsten und Rainer besuchen ihre Schulfreundin Cornelia.
„Die Gartentür ist nicht verschlossen. Wir können reingehen", meint Rainer.
„Nein, da geh' ich nicht rein", sagt Karsten. „Siehst du denn nicht das Schild, auf dem ‚Vorsicht Hund' steht? Wer weiß denn, was die für einen scharfen Hund haben."
„Du bist ein Angsthase", hält Rainer seinem Freund vor. „Aber wir können ja zuerst einmal schellen."
Als Cornelia ans Gartentor kommt, trägt sie ein klitzekleines Hündchen auf ihrem Arm.
„Ist das euer einziger Hund?" fragt Rainer erstaunt.
„Ja", bestätigt Cornelia.

„Und seinetwegen habt ihr das Schild am Tor, auf dem ‚Vorsicht Hund' steht?"
„Ja, ja", klärt Cornelia den Sachverhalt auf, „das Schild habe ich hingehängt, damit keiner auf mein Hündchen tritt."

Pfadfinder auf Tour

Die Pfadfindergruppe hat heute schon den halben Tag die Wälder um die Stadt durchstreift. Jetzt packen die Jugendlichen in der Waldwirtschaft ihre Brotzeit aus und fangen an zu essen.
Als sie gerade ihr Brot und die Wurst in der Hand haben und die Gurken austeilen wollen, kommt der Ober und schimpft: „Das geht aber nicht. Ihr müßt schon etwas bestellen!"
„Na gut", lacht der Gruppenleiter, „dann bestellen Sie dem Wirt halt einen schönen Gruß von uns!"

Ob das gutgeht im Leben?

Patrick besucht seinen Schwarm, Vanessa, in die er sich schon seit längerer Zeit verguckt hat und die er auch gerne einmal heiraten möchte. Als er hinkommt, steht Vanessa wieder vor dem Spiegel, und Patrick meint: „Das

finde ich jetzt schon ein bißchen auffällig. Ob ich früh komme oder spät – zu jeder Tageszeit stehst du vor dem Spiegel! Du mußt recht eingebildet und eitel sein!"
„Nein, ganz und gar nicht!" bestreitet Vanessa, „und ich finde mich auch nur halb so hübsch, wie ich in Wirklichkeit bin!"
Patrick muß richtig lachen und schaut noch einmal das schöne Mädchen an und das, was sie sich heute angezogen hat. Und da muß er zugeben: „So ein Mädchen wie dich habe ich mir eigentlich immer gewünscht! Schön, anziehend – und dann auch eine gute Köchin!"
„Daß du mich schön und anziehend findest, das freut mich!" meint darauf Vanessa, „aber was du da sonst noch in deinem Kopf hast, das mit der guten Köchin, na ja, eine gute Köchin werden wir für uns schon auch noch finden! Weißt du, was mein Vater immer zu mir gesagt hat? Ich müßte einmal ein Finanzgenie heiraten – und das wäre ein Mann, der das Geld schneller verdienen kann, als ich und die Kinder es ausgeben können!"
Da streckt Patrick die Zunge heraus und sagt: „Na, da hast du jetzt den Falschen erwischt! Weil ich nämlich eine Frau will, die sparen kann! Zum Beispiel könntest du eine Menge Geld einsparen, wenn du dir deine Kleider selber nähen würdest!"
Jetzt streckt aber Vanessa die Zunge heraus

und kontert: „Und du könntest bestimmt eine ganze Menge Geld einsparen, wenn du dir dein Bier selber brauen würdest!"
„Ich sehe schon, das wird nicht so einfach mit uns beiden. Am besten, wir gehen einmal zum Pfarrer und lassen uns beraten! Vielleicht kann ja auch sein Segen was bewirken!" hofft darauf Patrick.

Jugend und Tugend

„Das geht jetzt aber doch ein bißchen zu weit", ermahnt der Chef seine junge Sekretärin Karin. „Tag für Tag kommen Sie zu spät und unausgeschlafen ins Büro. Aber das ist ja auch kein Wunder, wenn man Nacht für Nacht ausgeht und sich in der Disco vergnügt."
Da schaut Karin ihn mit ihren schönen blauen Augen an und meint: „Aber, Herr Direktor, waren Sie denn nicht auch mal jung?"
„Ja, schon", brummt der Direktor, „aber doch nicht jede Nacht."

Der Pfarrer und seine Schäfchen

Der Draufgänger

Der Herr Pastor stellt seinen Ministranten Peter zur Rede: „Hör mal, Peter, deine Mutter hat mir erzählt, daß du gleich mehrere Freundinnen hast, in jedem Nachbardorf eine. Das ist unmöglich!"
„Oh doch, Herr Pfarrer, das geht schon", wehrt sich Peter. „Ich hab' ja ein Moped."
„Und außerdem hat sie gesagt, daß sie deinetwegen schlaflose Nächte hat."
„Das kann gar nicht sein!" entrüstet sich Peter. „Ich bin doch kaum eine Nacht zu Hause."

Ein Opfer des Humors

Moritz wurde als Gottesgabe ein ordentliches Stück trockenen Humors in seine Wiege gelegt. Er kann die Leute so richtig verulken und für dumm verkaufen.
Klar, daß auch der Pfarrer nicht ungeschoren

bleibt, obwohl Moritz ihn ganz besonders gut leiden kann.
Beim Mittagessen neulich kam zum Beispiel die Rede darauf, daß der Pfarrer immer eine sehr bunte Krawatte trage, die für einen Pfarrer wohl nicht so passend sei. Da meinte Moritz nur: „Eine schwarze Krawatte ist für einen Pfarrer gar nicht so wichtig – Hauptsache, seine Seele ist schwarz."
Und bei der Fronleichnamsprozession, bei der alle Pfarrer der Stadt mitzogen und Moritz als Ministrant teilnahm, stichelte er mit einem Blick auf den dicken Bauch des Pfarrers: „Was gilt die Wette? Wir haben von allen Pfarrern der Stadt ‚am meisten' Pfarrer." Und dann hat er noch einen draufgesetzt und gesagt: „Und auf seiner Glatze kann man bald Schlittschuh laufen."
Irgendeiner mußte ihn dann aber beim Pfarrer verpetzt und ihm die Sprüche erzählt haben. Darauf platzte dem geistlichen Herrn der Kragen, und er stellte Moritz zur Rede: „Jetzt bin ich dir auf die Schliche gekommen, Bursche. Mir ist zu Ohren gekommen, daß du dauernd ‚schlechte' Witze über mich machst."
„Schau sich bloß einer diese Süßholzraspler an", grinste Moritz, „... und zu mir sagen die alle, daß es ‚gute' Witze sind."

Das tägliche Brot

„Iß dein Brot!" sagt die Mutter.
„Ich mag aber kein Brot", antwortet Peter.
„Iß dein Brot, damit du groß und stark wirst."
„Warum soll ich groß und stark werden?"
„Damit du einmal tüchtig arbeiten kannst."
„Und warum soll ich tüchtig arbeiten?"
„Damit du dir dein Brot verdienen kannst."
„Aber ich will doch gar kein Brot."
Von diesem Zwiegespräch mit ihrem Söhnchen erzählt die Mutter Tage später dem Kaplan, der daraufhin bemerkt: „Ob es Brot, Essen oder Arbeit ist – der Peter ist anscheinend gegen alles, was anstrengend ist. Neulich hat er auf meine Frage, wie Adam und Eva im Paradies nach dem Sündenfall bestraft worden sind, geantwortet: ‚Von jetzt an mußten sie Brot essen, bis sie schwitzten.'"

Im Zoo

Die Ministrantinnen und Ministranten machen mit ihrem Pfarrer einen Ausflug in den Zoo. Staunend beobachten sie die umherhüpfenden Känguruhs mit ihren Jungen in den Bauchtaschen.
„Das sind Känguruhs", sagt der Pfarrer erklärend. „Die sind Bewohner Australiens."

„Um Gottes willen, so sehen die aus?“ ruft Sarah entsetzt. „Meine Tante hat neulich einen Australier geheiratet.“

Streithähne

Jens und Tim haben sich auf dem Pausenhof in die Haare gekriegt und schon eine Menge Kinder angelockt. Da bahnt sich der Herr Pfarrer einen Weg durch die Zuschauermenge und ruft: „Hört ihr wohl auf, ihr Streithähne! Habe ich euch nicht schon oft genug gesagt, daß man seine Feinde lieben soll?“
„Aber wir sind ja keine Feinde, sondern Freunde“, erwidert Jens frech und gibt Tim gleich noch einmal eins auf die Nase, daß sie sogar ein bißchen zu bluten anfängt.
Da packt den Pfarrer aber doch ein heiliger Zorn, und er schimpft den Jens aus.
In diesem Moment unterbricht ihn von hinten die ärgerliche Stimme von Lisbeth: „Bitte lauter schimpfen, Herr Pfarrer! Hier hinten versteht man ja überhaupt nichts!“

Heuchler

Markus geht nicht gern in die Schule. Als der Lehrer die Kinder einmal fragt, was man unter „Morgengrauen“ versteht, meint Markus: „Das ist das Gefühl, das man hat, wenn man morgens aufwacht und weiß, daß man gleich in die Schule gehen muß.“
Auch auf die Frage des Herrn Pfarrer im Religionsunterricht, was ein Heuchler sei, antwortet Markus im gleichen Tenor: „Das ist zum Beispiel ein Junge, der behauptet, daß er gern zur Schule geht.“

Die Rauferei

Oliver und Klaus sind dicke Freunde. Meistens vertragen sie sich und spielen miteinander Räuber und Gendarm oder fahren Skateboard. Manchmal geraten sie aber auch heftig aneinander so wie gerade jetzt auf dem Platz vor der Kirche.
„Wenn du das noch einmal sagst“, schreit Oliver, „hau' ich dir eine runter, daß du nicht mehr weißt, wo vorn oder hinten ist.“
„Und ich schlag' dir alle deine Zähne aus, bis auf einen. Der bleibt fürs Zahnweh stehen“, kontert Klaus.
Der Kaplan hat alles mit angehört und ver-

sucht, den Streit zu schlichten. „Wollt ihr denn nicht in den Himmel kommen?“ fährt er sie an.
„Sicher“, antwortet Oliver verschreckt.
„Nein“, widerspricht Klaus.
„Was, du willst nicht in den Himmel kommen, wenn du einmal stirbst?“ wundert sich der Kaplan.
„Ach so – wenn ich sterbe“, meint Klaus. „Ja, dann schon. Ich habe schon geglaubt, Sie suchen welche für jetzt sofort.“

Der Autoknacker

Udo, ein sechzehnjähriger Halbstarker, hat vor dem Gemeindehaus einige Autos aufgebrochen. Die Anwohner haben sofort die Polizei verständigt. Jetzt sitzt Udo in der Jugendstrafanstalt in Untersuchungshaft.
Eines Tages macht sich der Pfarrer auf, um Udo einen Besuch abzustatten.
„Was machst du denn für Geschichten, Udo?“ fragt er und redet ihm ins Gewissen, sich zu bessern. „Wenn du hier wieder herauskommst“, verspricht er, „will ich dir helfen.“
Udo kriegt vor Staunen den Mund nicht zu.
„Das ist gut gemeint von Ihnen, Herr Pfarrer“, sagt er schließlich. „Aber stellen Sie sich das nicht so leicht vor. Zum Autoknacken gehören Mut und Erfahrung.“

Ein frommer Fluch

Anna schaut zum Fenster hinaus, als gerade der Pfarrer in die Kirche geht. Da hört dieser durch das offene Fenster, wie Annas Bruder fürchterlich flucht.

„Ja, um Gottes willen“, bleibt der Pfarrer stehen, „warum flucht der Helmut denn so?“

„Der will in die Kirche gehen und kann sein Gebetbuch wieder nicht finden“, gibt Anna Auskunft.

Auf dem Heimweg vom Gottesdienst hört der Pfarrer aus Helmuts Hofausfahrt schon wieder kräftiges Fluchen. Helmut bemüht sich vergebens, sein Motorrad mit dem Kickstarter zu starten.

Jetzt redet der Pfarrer dem ertappten Sünder kräftig ins Gewissen: „Mußt du denn immer fluchen? Kannst du nicht statt dessen einmal sagen: Lieber Gott, hilf mir!“

„Also gut: Lieber Gott, hilf mir!“ sagt Helmut beim erneuten Versuch. Das Motorrad springt an, und mit der Linken lässig winkend nimmt Helmut die nächste Kurve.

„Donnerwetter“, entfährt es dem Pfarrer, „das hätte ich nicht gedacht!“

Einige Tage später ist der Pfarrer gerade dabei, in seinem Vorgärtchen ein paar Stöcke einzuschlagen. Da kommt Helmut vorbei, stellt sich daneben und schaut ganz gespannt zu.

„Na, willst du mir helfen?" fragt der Pfarrer.
„Nein", antwortet Helmut.
„Oder willst du wissen, was das werden soll?"
„Nein."
„Warum schaust du dann so interessiert zu?"
„Na ja, ich wollte bloß einmal hören, was ein Pfarrer eigentlich sagt, wenn er sich auf den Daumen klopft."

Frech, aber ehrlich

Gerd läutet am Pfarrhaus.
„Kannst du nicht wenigstens die Hände aus der Tasche nehmen, wenn du mich grüßt?" rügt der Pfarrer, der ihm die Tür öffnet.
„Aber ich habe Sie doch überhaupt nicht gegrüßt", verteidigt sich Gerd und fährt dann gleich fort: „Aber ich habe etwas anderes für Sie, Herr Pfarrer. Sie haben doch am Sonntag gesagt, daß Sie hundert Mark verloren haben. Ich glaube, ich habe Ihr Geld gefunden." Und damit überreicht Gerd dem verdutzten Pfarrer zehn Zehnmarkscheine.
Da klärt sich das Gesicht des Pfarrers auf, und er sagt freundlich: „Nun, ehrlich bist du ja. Aber das ist nicht das Geld, das ich verloren habe, denn ich habe einen einzelnen Hundertmarkschein verloren."
„Stimmt!" strahlt Gerd. „Ich habe den Hun-

PFARRER

dertmarkschein gleich wechseln lassen, damit Sie mir den Finderlohn leichter ausbezahlen können."

Der Pfarrer gibt Gerd den erwarteten Finderlohn, und erfreut darüber erzählt Gerd ihm sofort noch einen seiner Witze: „Herr Pfarrer, wissen Sie eigentlich, welcher Automat der größte in unserer Gemeinde ist?"

Der Pfarrer überlegt hin und her und kommt nicht drauf. Schließlich lüftet Gerd das Geheimnis: „Das ist Ihr Pfarrhaus: Wenn man oben einen Stein durchs Fenster wirft, kommt unten der Pfarrer heraus."

Das Konfessions-Alibi

Gegen Abend dreht der katholische Pfarrer einer kleinen ländlichen Gemeinde mit dem Rad noch eine Runde um den Waldsee. Da sieht er ein Zelt und daneben auf der Wiese ein halbes Dutzend nackter Jungen, die er zum Teil aus der Ministrantengruppe kennt. Während ihre Badehosen auf der Leine zum Trocknen aufgehängt sind, bolzen sie mit ihrem Ball herum.

Als sie den Pfarrer auf seinem Fahrrad erblikken, machen sie einen Kopfsprung in den See. Nur einer bleibt kerzengerade stehen. Da ruft der Pfarrer von seinem Rad ihm zu: „Schämst du dich denn nicht, du Nacktfrosch? Kannst

du denn nicht auch in den See hüpfen wie die anderen?"
„Nein", meint der Junge. „Ich brauche mich nicht vor Ihnen zu verstecken. Ich bin evangelisch."

Die Welt der Tiere

Der Pfarrer besucht mit seinen Ministranten und Ministrantinnen den Frankfurter Zoo. Direkt am Eingang steht eine ganze Kolonie rosaroter Flamingos an einem See. Da wundert sich Marion, daß die alle nur auf einem Bein stehen. Und Joschi glaubt, daß man das andere Bein amputiert hat, damit sie nicht zum Ausgang hinausrennen können.
In diesem Moment kommt auch schon eine ganze Herde Pinguine lustig dahergewackelt, da sie in dieser Jahreszeit frei auf dem Weg herumlaufen dürfen. Und mit denen haben die Kinder einen Riesenspaß.
Bei den Affen fragt Sybille dann, ob sie eigentlich wissen, daß sie Affen sind – und wer all den Tieren überhaupt ihre Namen gegeben hat. Der Pfarrer erklärt, daß das im Laufe der Zeit die Menschen waren.
„Nur der Kuckuck", weiß Anja, „hat sich seinen Namen selber gegeben, und der ist auch das einzige Tier, das seinen Namen selber sa-

gen kann. Und weil der so schlau ist, haben die Frankfurter für ihren Zoo auch noch keinen fangen können."

Am meisten Eindruck machen danach die Riesenschlangen, von denen eine einen besonders großen Kopf hat. Der Pfarrer macht darauf aufmerksam, daß sie gleich eines der Kaninchen runterschlucken werde – und dabei könne man sogar zuschauen.

„Wenn so eine große Schlange mit ihrem Schwanz wedeln will, wo muß die denn dann anfangen?" will Rebekka vom Pfarrer wissen. Aber das weiß der Pfarrer natürlich auch nicht ...

Am Schluß stehen dann alle staunend vor den Löwen. Richtig respekteinflößend sehen die aus – besonders der eine mit dem großen Kopf.

„Warum hat denn der eine einen so großen Kopf?" will auch Barbi gleich wissen.

„Vielleicht, weil der so gefährlich ist – damit er nicht so leicht durchs Gitter kommt!" vermutet Stefan.

Der Pfarrer steht hinter ihnen und kann sich das Lachen nicht mehr verkneifen. Aber da dreht sich der Stefan um und fragt: „Herr Pfarrer, wenn aber der Löwe jetzt doch rauskommt und Sie auffrißt – wo finden wir denn dann unseren Bus wieder?"

Die lieben Kleinen

Berufswunsch

„Welche Kinder können nur in den Himmel kommen?“ fragt der Pfarrer im Religionsunterricht.
„Nur die toten“, antwortet Florian, der größte Lausbub der Klasse.
„Ich weiß nicht, was aus dir noch einmal werden soll“, stöhnt der geistliche Herr.
„Ich aber“, meint Florian wie aus der Pistole geschossen. „Ich werde nämlich Pilot.“
„Na ja, dann bin ich aber beruhigt“, bemerkt darauf der Pfarrer gelassen. „Dann bist du wenigstens angeschnallt.“

Redetalent

Jenni ist der Schrecken aller Lehrer am Gymnasium. Mit ihrem ständigen Gequassel stört sie den Unterricht und bringt die Lehrer aus dem Konzept.
Eines Tages wird das dem Klassenlehrer zu

bunt, und er verbietet sich das Gequassel dieser „Nervensäge“ ein für alle Mal.

Jenni ist da aber ganz anderer Ansicht, und sie meint: „Da haben sich meine Eltern jahrelang damit herumgeplagt, mir das Reden beizubringen, und da laß' ich mir jetzt auch am Gymnasium nicht das Wort verbieten! Wenn ich bloß immer den Mund halten soll, dann kann ich mich ja gleich beerdigen lassen.“

„So, wie das jetzt ist, kann es nicht bleiben. Sonst quittiere ich meinen Dienst als Oberstudienrat“, klagt nachher der Klassenlehrer im Lehrerzimmer, und seine Kollegen stimmen ihm zu.

Der Schuldirektor ist ein friedlicher Mann, der die Sache im guten regeln möchte. Deshalb ruft er Jennis Vater kurz entschlossen an. Das Gespräch verläuft allerdings anders, als sich der Direktor das vorgestellt hat.

„Ich verstehe zwar, daß Sie mich anrufen“, sagt der Vater mitleidig, „aber das hätten Sie sich sparen können. Dafür kann das Mädchen nämlich nichts. Da müßten Sie erst einmal ihre Mutter hören ...“

Keine Ferienreise

Als der kleine Tobias zur Haustür hereinkommt, hört er, daß es bei den Eltern ziemlich laut und turbulent zugeht.
Da ist dicke Luft, denkt er. Und gerade in diesem Augenblick kommt seine Schwester Katharina aus dem Wohnzimmer gestürzt und weint.
„Was ist denn heute los? Und warum weinst du?" fragt Tobias seine Schwester.
„Mit den Ferien ist es aus", schluchzt Katharina. „Die Eltern schlagen sich gerade die Mallorca-Reise aus dem Kopf."
Tobias nimmt all seinen Mut zusammen und geht ins Wohnzimmer. „Ja, zum Donnerwetter!" schimpft er gleich drauflos. „Ist es wahr, daß wir nicht nach Mallorca fliegen?"
„Ja, leider", erklärt die Mutter. „Wir haben gerade erst das Haus gebaut, und da müssen wir zuallererst an unsere Schulden denken."
Da hat der kleine Tobias aber gleich einen Ausweg parat: „Ja, und? Könnten wir denn nicht auf Mallorca an unsere Schulden denken?"

Das Erziehungsbuch

„Donnerwetter noch einmal, wo ist denn schon wieder mein Erziehungsbuch ‚Wie erziehe ich meine jugendlichen Kinder' hingekommen? Gestern abend hat es doch noch hier gelegen!"

„Das brauchst du nicht mehr länger zu suchen, das habe ich heute früh in die Altpapiersammlung gegeben!" verrät Kevin.

„Aber Vater, ich kann dir versichern: Das Buch war total unmodern!"

„Da hört sich doch alles auf! Das wirst du Rotznase gerade beurteilen können, wie du erzogen werden sollst! Euch halbstarken Selbstverwirklichern gehört besser der Hintern versohlt – mit eurem modernen Zeug im Kopf! Euch kann man doch nicht ernst nehmen! Ihr werdet schon alle früher oder später eure Prügel kriegen!"

„Im Gegenteil", trotzt jetzt Kevin dem Vater ins Gesicht, „euch Erwachsenen, die immer so gescheit sein wollen und dabei ihre Ansichten alle Tage wieder ändern – euch kann man doch nicht ernst nehmen!"

„Das ist ja allerhand, was du Witzbold da so mir nix, dir nix für blödsinniges Zeug behauptest", ist der Vater jetzt auf hundertachtzig.

„Und doch ist es wahr, und du kannst Gift darauf nehmen, daß ich es dir gleich auf der Stelle beweise", bleibt Kevin dabei. „Vor ein paar Jahren hast du noch gewollt, daß ich glauben sollte, du wärst der Weihnachtsmann – und heute wärst du stinkbeleidigt, wenn ich dich ‚Weihnachtsmann' nennen würde!"

Das erste Fahrrad

Die kleine Lisa hat ihr erstes Fahrrad bekommen und probiert im benachbarten Schulhof, ob sie damit fahren kann. Ein bißchen geht es schon. Aber dann fährt sie dem Lehrer, der nebenan wohnt, in die Beine.
„Kannst du denn nicht klingeln?" fragt der Lehrer.
„Doch", sagt Lisa, „aber noch nicht radfahren!"
Nach ein paar Tagen kann Lisa schon ganz gut fahren – und allmählich bekommt sie eine so große Freude am Fahrradfahren, daß sie jeden Tag in der Nachbarschaft herumkurvt.
Einmal fährt Lisa um die nächste Ecke herum und prallt ausgerechnet wieder mit dem Lehrer zusammen.
„Das hast du aber nicht so schön gemacht", schimpft der Lehrer, „du hättest doch wenigstens klingeln können!"
„Ja, ich hätte schon klingeln können", stottert Lisa verlegen, „aber ich habe Sie doch nicht erschrecken wollen!"

Postbotenschicksal

Julia, sieben Jahre alt, hantiert am Telefon.
„Mit wem willst du denn schon wieder telefonieren?“ fragt die Mutter.
„Ich will die Polizei anrufen“, erklärt Julia. „Draußen auf unserem Kirschbaum sitzt der Postbote und beschimpft unsere beiden Schäferhunde. Das ist doch allerhand.“
„Was?“ ruft die Mutter entsetzt. „Ich muß sofort die Hunde reinholen.“
Kurze Zeit später seufzt sie: „Ich möchte nur einmal wissen, warum Hunde Postboten überhaupt nicht leiden können?“
Julia kann es sich schon denken: „Vielleicht ärgern sie sich, weil sie nie Post bekommen.“

Des Lehrers Beschwerde

Der Lehrer beschwert sich bei Stefans Vater über das freche und vorlaute Benehmen seines Sohnes im Unterricht. Neulich habe er gefragt, wie groß ein echtes Kamel im Vergleich zu ihm sei.
Da habe Stefan geantwortet: „Ich glaube nicht, daß es ein so großes Kamel wie Sie in der Natur gibt.“
Als Stefan am Abend nach Hause kommt, stellt ihn sein Vater zur Rede: „Dein Lehrer hat sich

heute bei mir über dich beklagt. Was hast du dazu zu sagen?"

„Oh, Papa", meint darauf Stefan gelassen, „das darfst du gar nicht so ernst nehmen. Heutzutage klagen doch alle Leute."

Die Safari

Martin hat von seinem Paten eine Afrikareise geschenkt bekommen. Als er wieder zurück ist, gibt er mit seinen Abenteuern bei seinen Freunden mächtig an.

„An einem Tag in der Wüste war plötzlich ein Löwe hinter mir her. Ich, geistesgegenwärtig, klettere auf den nächsten Baum."

Sein Freund William unterbricht seine Schilderung und sagt: „Aber Martin, in der Wüste gibt es doch gar keine Bäume."

„Menschenskind! Das war mir doch in dem Moment völlig egal."

Sonntagmorgen

Jana soll zur Kirche und kommt nicht aus dem Bett.

„Donnerwetter noch einmal, jetzt komm aber endlich aus den Federn raus und schäm dich!" wird die Mutter immer nervöser.

„Kann ich mich nicht lieber noch ein bißchen im Bett schämen?“ bockt Jana.
„Mach schon! Wenn der Herr Pfarrer wüßte, wie du dich vor der Sonntagsmesse anstellst!“ gibt jetzt die Mutter zu bedenken.
„Der hat uns ja selber immer erzählt, daß sogar Gott am siebten Tag geruht hat!“ weiß die Jana auch darauf noch eine Antwort.
Als der Pfarrer einige Tage später die Mutter von Jana auf der Straße trifft, erzählt er anerkennend, welch ein nettes und aufgewecktes Kind Jana in der Religionsstunde sei.
Da kann die Mutter nur bitter lachen und meint: „Da müßten Sie nur einmal miterleben, Herr Pfarrer, wie aufgeweckt die am Sonntag früh ist, wenn sie in die Kirche gehen soll!“

Ein Einkaufsbummel

Die fünfjährige Tanja macht mit ihrer Mutter einen Einkaufsbummel. In einem Juweliergeschäft möchte die Mutter sich eine Brosche kaufen, aber sie kann sich zwischen den gezeigten Modellen nicht so recht entscheiden.
Die Verkäuferin versucht zu helfen. „Dies ist zwar die teuerste“, sagt sie, „aber auch die schönste von allen. Und sie steht Ihnen sehr gut.“

Jedoch die Mutter zögert: „... aber das viele Geld."
„Nimm sie schon", meint die kleine Tanja. „Wir haben doch genug Geld. Erst neulich hat mir der Papa verraten, daß du sogar schon oft Geld zum Fenster rausgeschmissen hast."
Und weil die anderen Kunden jetzt lachen, entscheidet sich die Mutter hastig für die teuerste Brosche.
Als sie das Geschäft verlassen, ruft Tanja plötzlich: „Mama, hier stinkt es aber. Ich glaube, da hat einer einen gelassen."
Der Mutter ist das furchtbar peinlich, und sie zerrt Tanja an einer Hand aus dem Laden. Draußen stellt sie ihre Tochter zur Rede: „Erstens spricht man nicht darüber, und zweitens sagt man nicht ‚es stinkt', sondern höchstens ‚es riecht'."
Tanja schüttelt verständnislos den Kopf und meint beleidigt: „Meinetwegen. Aber dort riecht es so, als ob es stinkt."

Anglerpech

Christine ist eine begeisterte Anglerin. Heute hat sie ihre Freundin Sarah mit an den See genommen, damit die einmal sehen kann, wie geangelt wird. Aber ausgerechnet heute will kein Fisch anbeißen.

Nach zwei Stunden sagt Sarah: „Gibt es denn eigentlich etwas Langweiligeres als Angeln?"
„Natürlich", bleibt Christine die Antwort nicht schuldig, „das Zuschauen."
„Vielleicht wissen die Fische nicht, daß du einen Angelschein hast", meint Sarah spöttisch.
Auf einmal zuckt aber doch etwas an der Angelschnur. Als Christine die Schnur einholt, hängt nur ein klitzekleines Fischchen daran, so daß Sarah laut lachen muß. Wütend wirft Christine den kleinen Fisch wieder ins Wasser und ruft ihm nach: „Mach bloß, daß du wegkommst, und laß dich nicht mehr hier blicken ohne deine Eltern!"
Da lacht Sarah nur noch mehr. Als sie dann beide miteinander heimgehen, will Christine aber doch noch ein bißchen angeben, und sie erzählt: „Einmal habe ich einen so großen Fisch am Haken gehabt, daß ich eine halbe Stunde gebraucht habe, bis ich ihn draußen hatte."
„Ja, ja, das kenne ich", witzelt darauf Sarah lachend. „Es ist schon ein Kreuz mit diesen Dosenöffnern."

Der Daumennagel

Vor ein paar Wochen ist der dreijährigen Mareike der Daumennagel abgefallen. Mittlerweile ist er fast schon wieder nachgewachsen. Als die Tante zu Besuch kommt, muß sie den neuen Nagel gebührend bewundern.
„Das ist wirklich wieder ein schöner Daumennagel geworden", sagt sie zu Mareike.
„Ja", freut sich die Kleine, „und er ist schon fast fertig. Es fehlt oben nur noch der schwarze Rand."

Lügenbolde

Katrin und Lisa haben auf dem Heimweg von der Schule ein Zweimarkstück gefunden und vereinbart: Wer am besten lügen kann, der soll das Geld bekommen.
„Ich war schon einmal tot und bin wieder lebendig geworden", beginnt Katrin.
„Ich hab' dem Oberbürgermeister schon einmal einen Kuß gegeben", macht Lisa weiter.
Weil sie sich aber nicht einigen können, welche die beste Lüge war, beschließen sie, den Pfarrer um Rat zu fragen.
„Schämt ihr euch denn nicht, euch mit Lügen Geld verdienen zu wollen. Als ich so alt war wie ihr, habe ich nie gelogen."

Da haben Katrin und Lisa eine Idee: „Wir geben das Zweimarkstück dem Herrn Pfarrer. Der kann am besten lügen."
Ablenkend meint darauf der geistliche Herr: „Gut, dann bin ich jetzt euer Schiedsrichter. Nun lügt mal, daß sich die Balken biegen! Das Geldstück soll diejenige bekommen, welche die beste Lüge erzählen kann."
„Ob ihr das glaubt oder nicht", lügt Katrin ganz unverfroren, „heute nacht bin ich auf den Kirchturm gestiegen und über die ganze Stadt geflogen – bis zum Stadtrand."
„Ich hab' gleich gewußt, daß ich das Geld bekomme", sagt Lisa siegessicher. „Ob ihr es glaubt oder nicht, ich hab' dich fliegen sehen."

Unlogisch

Nach dem Sonntagsgottesdienst mit der Missionskollekte fragt Martin den Vater: „Vati, stimmt es, daß die ganz armen Neger noch nackt herumlaufen müssen?"
„Ja", bestätigt der Vater.
„Haben sie auch keine Hosen?"
„Nein", bestätigt der Vater auch das.
„Dann verstehe ich aber nicht", gibt Martin zu bedenken, „warum du einen Hosenknopf in das Opferkörbchen geworfen hast!"

„Wer bittet, empfängt ...“

Der kleine Markus hat in der Schule das Beten gelernt. Immer wieder hat der Lehrer erklärt, daß man im Gebet um viele Dinge bitten könne.
Als die Eltern von Markus abends an das Bett des Jungen kommen, um ihm eine gute Nacht zu wünschen, fragt der Kleine treuherzig: „Ich werde gleich beten, braucht ihr irgendwas?“

Das Gottesgeschenk

Das neugeborene Brüderchen stört Angela durch sein dauerndes Schreien bei den Schularbeiten. Die Mutter sucht Angela zu besänftigen, indem sie darauf hinweist, daß das Baby ein Geschenk vom lieben Gott ist, das unserem Verständnis anvertraut ist.
„Ein Geschenk vom lieben Gott!“ schmollt Angela, „ich kann mir denken, daß der liebe Gott den Schreihals ganz gerne weggeschenkt hat, um seine Ruhe zu haben.“

So geschehen

Ganz falsch gemacht

Der Pfarrer erwischt einige seiner Ministranten beim Stehlen der Erdbeeren im Pfarrgarten. Er holt die erschrockenen Missetäter ins Pfarrhaus und setzt den Jungen zur großen Überraschung einen Teller Erdbeeren mit Schlagsahne vor. Am Schluß meint er: „Jetzt seht ihr hoffentlich ein, wie falsch ihr beim Erdbeerstehlen gehandelt habt!"
„Ja", antwortet Felix, „wo wir sie doch bei Ihnen im Pfarrhaus mit Schlagsahne bekommen."

Die gute Tat

„Nun, Fritz", fragt der Lehrer in der Schule, „hast du gestern auch eine gute Tat getan, wie ich es euch geraten hatte?"
„O ja, das hab' ich, Herr Lehrer", erwidert Fritz strahlend.
„Ich habe unseren Hund auf einen Mann gehetzt, der zum Bahnhof ging."

„So, und das nennst du nun eine gute Tat?" fragt der Lehrer tadelnd.
„Jawohl, Herr Lehrer", beteuert Fritz, „auf diese Weise hat er seinen Zug noch erreicht."

Kirschendiebe

Dem alten Herrn Justus scheint es so, als würden ihm von seinem Kirschbaum andauernd Kirschen gestohlen. Deshalb hängt er einen Zettel an den Baum und schreibt darauf: „Gott sieht alles."
Am nächsten Tag steht darunter: „Aber er verpetzt uns nicht."
Als er am übernächsten Tag wieder ans Gartentörchen seines Schrebergartens kommt, bellt sein Pudel zum Kirschbaum hinauf, wo gerade eine ganze Bande Lausbuben sitzt.
„Ja, zum Donnerwetter, was macht ihr denn da oben? Ihr wollt wohl meine ganzen Kirschen ernten", ruft Herr Justus verärgert.
„Nein, ganz im Gegenteil. Wir hängen gerade die heruntergefallenen wieder auf", tönt es von oben.
„Ihr wollt mich wohl auf den Arm nehmen, ihr Flegel. Jetzt geh' ich in mein Häuschen und hole mein Schießgewehr."
Da wollen die Räuber alle gleichzeitig verschwinden, aber das hält der Baum nicht aus,

und ein großer Ast des Baums kracht herunter und zersplittert den halben Gewächshauskasten. So schnell sind die Jungen noch nie gerannt.
Ein paar Tage später ertappt sie der alte Herr aber doch noch, als sie gerade ein Eis kaufen. Da packt ihn wieder der Zorn, und als sie gerade ihr Eis schlecken wollen, erwischt er zwei von ihnen am Kragen: „Hab' ich euch endlich", schimpft er. „Verprügeln möcht' ich euch. Ihr wißt vielleicht nicht, daß man das, was man kaputtgemacht hat, auch bezahlen muß."
„Deswegen sind wir ja davongerannt", verrät Michael treuherzig.

Der gefundene Geldbeutel

Als der Pfarrer aus dem Fenster schaut, sieht er, wie Harald, ein Fünfzehnjähriger aus der Jugendgruppe, ein Portemonnaie auf dem Gehsteig findet. Der junge Bursche schaut sich kurz um, und als er auf der Straße niemanden bemerkt, steckt er es ein.
In der nächsten Gruppenstunde stellt ihn der Pfarrer deshalb zur Rede.
„Wem das Portemonnaie gehört, weiß ich nicht", gesteht Harald freimütig. „Aber die Geldscheine sind mir bekannt vorgekommen – und darum habe ich es vorsichtshalber behalten."

Die Biene

Jan macht bei der Zeltlager-Freizeit mit, welche die Stadt jedes Jahr für die Kinder durchführt. Als der Lagerleiter gerade am Eingang den Pfarrer begrüßt, der einen Besuch machen will, kommt Jan angerannt und ruft: „Schnell, schnell, Stefan liegt im Zelt und ist ohnmächtig!"
Da rennen sie alle so schnell sie können los. Unterwegs will der Lagerleiter doch noch wissen, was eigentlich passiert ist.
Da erzählt Jan: „Auf Stefans Kopf hatte sich eine Biene gesetzt, die ihn vielleicht gestochen hätte; da habe ich sie mit dem hölzernen Zelthammer totgeschlagen!"

Einbrecher

Silvia hat große Angst vor Einbrechern. Wenn sie nachts aufwacht, weil sie glaubt, ein Geräusch gehört zu haben, weckt sie jedesmal ihren Bruder auf, damit er das Haus nach Einbrechern absucht.
Jetzt hat Klaus ihr aber erklärt, daß dies ganz blödsinnig sei und daß die Einbrecher ja überhaupt keine Geräusche machen, sondern ganz leise arbeiten würden. Nun weckt sie Klaus auch jedesmal auf, wenn sie glaubt, daß sie

keine Geräusche gehört hat. Da kann Klaus noch so schimpfen.
Eines Tages kommt eine Freundin zu Besuch und erzählt, daß neuerdings ein Fassadenkletterer sein Unwesen in der Gegend treibe.
„Fassadenkletterer, was ist denn das?“ fragt Silvia.
Klaus wird ganz blaß vor Schreck und deutet Christine an, jetzt ja nicht weiterzureden, weil Silvia sonst noch mehr Angst bekommen könnte. Aber Christine bemerkt den Fingerzeig nicht und erzählt, daß das Einbrecher seien, die bis zum sechsten Stock die Wand raufklettern.
Silvia reagiert aber ganz anders, als es Klaus befürchtet hat.
„Dann kann mir nichts passieren“, sagt sie beruhigt, „denn wir wohnen ja Parterre.“

Am Eisstand

Tilo ist ein Lausbub, wie er im Buche steht. Er wohnt in einem kleinen oberfränkischen Dorf. Wieder einmal gibt es Ärger mit ihm.
„Zum Donnerwetter, wer drängelt denn da hinten so?“ ruft der Eismann verärgert.
„Es hat ja keinen Wert, wenn ich Ihnen das sage“, schreit Tilo nach vorn. „Sie kennen mich ja doch nicht.“

Kaum eine Minute später hat er sich mit seinem Vordermann in den Haaren. „Paß doch auf! Jetzt bist du mir schon zum zweiten Mal auf die Füße getreten. Kannst du nicht einmal woanders hintreten?"
„Kann ich, kann ich, du Witzbold. Aber dann kannst du dich drei Tage lang nicht mehr hinsetzen."
Ganz zum Schluß kann sich der Eismann ein Grinsen über Tilos Schlagfertigkeit nicht verkneifen. Als nämlich ein kleiner Junge mekkert, daß seine Eisportion viel zu klein ausgefallen sei, hat Tilo gleich wieder den richtigen Spruch auf Lager: „Hopp, zisch ab, du Hansdampf. Für fünfzig Pfennig kannst du nicht verlangen, daß du auf deinem Eis Schlittschuh laufen kannst."

Gottesdienst-Erlebnisse

Der Vater und die Mutter von Oliver glauben nicht an Gott und gehen auch nicht zur Kirche. Als Oliver eines Tages mit seinem Freund Christoph zum ersten Mal einen Gottesdienst besucht, kann er deshalb nur staunen.
Zu Hause erzählt er seinen Eltern, was er gesehen und gehört hat: „Die Musik war sehr interessant. Sie kam aus Raketen heraus, die hinten in der Kirche standen. Zwei Jungen, die

sich wie Mädchen verkleidet hatten, brachten dem Pfarrer etwas zu essen und zu trinken an seinen großen Tisch. Die Reste wurden später in einen Kühlschrank gestellt. Das Beste aber war, daß sie ein Körbchen mit Geld herumreichten – ich habe mir fünf Mark herausgenommen."

Vaters Auto

Birgit hat ihren Führerschein noch nicht so lange. Und als sie am Sonntagnachmittag Vaters neues Auto für eine Ausfahrt haben will, mag der zuerst nichts davon wissen. Da meint Birgit: „Ich kann doch darauf aufpassen! Ich bin doch alt genug!"
„Du schon, aber das Auto nicht!" kontert der Vater darauf. Aber Birgit gibt ihm einen Kuß auf die Glatze, und bekommt das Auto doch.
Nachher auf der Autobahn bleibt der Wagen auf einmal stehen und macht keinen Muckser mehr. Da schimpft Birgit auf das Auto, aber das hilft natürlich nicht. Der Mann vom ADAC stellt dann fest: „Dem Auto fehlt gar nichts – das hat bloß kein Benzin mehr!"
„Und wenn ich jetzt trotzdem fahre, kann das dem Auto schaden?" fragt Birgit blauäugig.
Da schüttelt der ADAC-Mann mitleidig den Kopf wegen soviel Dummheit und schenkt Bir-

git ein paar Liter Benzin, damit sie wenigstens heimkommen kann. Aber das hätte er lieber nicht machen sollen, denn gleich darauf baut Birgit einen Mordsunfall.
Zu der Polizei sagt sie nachher: „Ich bin ins Schleudern geraten und von der Straße abgekommen, dann habe ich mich überschlagen und bin den Abhang hinuntergeschossen – und dann habe ich die Gewalt über das Auto verloren!“ Gott sei Dank ist ihr selber wie durch ein Wunder nichts passiert! Nur ihre Haare sind ein bißchen verstruwwelt.
Als sie heimkommt, setzt sie sich zu ihrem Vater auf die Sessellehne, legt liebkosend den Arm um seinen Hals, gibt ihm wieder einen Kuß auf seine Glatze und säuselt: „Papa, soll ich dir von meiner ersten Fahrt mit deinem neuen Auto erzählen – oder willst du es lieber morgen in der Zeitung lesen?“
Da durchfährt den Vater ein Ruck, und er sagt: „Du falsche Schlange! Sag nur, du hast das neue Auto kaputtgefahren? Sag, ist es so?“
Nun erzählt Birgit ihm, wie alles zugegangen ist. Der Vater ist wütend und traurig zugleich, aber dann sagt er doch: „Jetzt bin ich zuerst einmal froh, daß ich dich gesund wiederhabe!“
„Das hast du gut gesagt, Papa!“ lobt Birgit ihn darauf, „dafür kaufe ich dir morgen auch eine neue Krawatte!“

Keine Angeber

Die Jugendgruppe hat einen Geldbeutel gefunden. Der Pfarrer redet allen ins Gewissen und trägt der ganzen Gruppe auf, dafür zu sorgen, daß der Geldbeutel bald aufs Fundbüro kommt. Nach vierzehn Tagen fragt er vorsichtshalber bei einem aus der Gruppe nach – und der gibt ihm auch ganz gelassen Auskunft.
„Der Geldbeutel", erzählt er, „war ja schon ganz kaputt – und die fünfzig Mark, die drinnen waren, haben wir in unsere Gruppenkasse getan. Wenn wir sie aufs Fundamt gebracht hätten, hätte es bloß so ausgesehen, als wollten wir mit unserer Ehrlichkeit angeben!"

Babysitten ist nicht leicht

Am Markt vor der Sparkasse fährt ein Mädchen einen Kinderwagen mit einem brüllenden Baby spazieren. Das Mädchen schaukelt den Wagen vorsichtig hin und her.
„Sei ruhig, Evi. Sei ruhig, Evi", hört man sie immer wieder sagen.
Eine Passantin bleibt stehen und beobachtet das Geschehen eine Zeitlang. Dann meint sie: „Das machst du aber wirklich gut, wie du die kleine Evi zu beruhigen suchst."

„Nein, nein“, wehrt das Mädchen ab, „das Baby heißt Lars. Ich bin die Evi.“

Die Wette

„Was gilt die Wette?“ fragt Holger seinen Freund Axel. „Ich wette mit dir um eine Mark, daß ich einen Eimer mit Wasser über deinen Kopf halten kann – mit dem Wasser nach unten – und daß du dabei ganz bestimmt nicht naß wirst.“

Axel zögert zunächst, schlägt dann aber ein, weil er das Experiment sehen möchte.

„Gut“, sagt er, „die Wette gilt.“

Holger läßt einen Eimer mit Wasser vollaufen, stellt sich auf einen Stuhl, kippt dann den Eimer um und gießt Axel das Wasser über den Kopf. Wie ein begossener Pudel steht der da. Holger lacht sich halb tot und freut sich, daß er Axel so austricksen konnte.

Dann holt er sein Portemonnaie heraus, gibt dem verdutzten Freund eine Mark und lacht ihm dabei spöttisch ins Gesicht. „Ja, Sauerei“, sagt er, „jetzt habe ich die Wette doch verloren.“

Sonntagsruhe

Der Pfarrer ermahnt die Kommunionkinder, sonntags regelmäßig zum Gottesdienst zu kommen; denn schließlich sei der Sonntag ja dafür frei.
„Ach Gott, Herr Pfarrer", ruft Susi da aus, „wenn Sie mich am nächsten Sonntag nicht gleich sehen, fangen Sie ruhig schon ohne mich an."
Es ist Sonntag, und Susi kommt wie gewohnt nicht aus dem Bett. Als die Mutter sie ein letztes Mal ermahnt, doch endlich aufzustehen, gähnt Susi ihr ins Gesicht: „Ich bleibe heute lieber zu Hause. Ich fühle mich nicht wohl."
„So, wo denn?" will die Mutter wissen.
„In der Kirche", sagt Susi ohne Zögern.

Die Mütze

„Steh auf, es ist Zeit, zur Kirche zu gehen!" sagt die Mutter und rüttelt Daniel wach.
„Überall wird von Priestermangel geredet, nur bei uns fehlt nie einer", stöhnt der.
Wenig später ist er aber doch mit seiner Schwester auf dem Weg zur Kirche. Schwatzend und kichernd kommen sie zur Kirchentür. Dort steht schon der Küster und flüstert: „Pst."

„Wieso pst?“ fragt Anna leise, „schläft denn die ganze Gemeinde schon?“
Der Küster gibt keine Antwort, sondern zeigt auf Daniels Kopf. „Nimm gefälligst deine Mütze ab, wenn du in ein Gotteshaus kommst!“
„Entschuldigung“, meint Daniel etwas verlegen, „daran habe ich gar nicht gedacht. Aber wenn der Segen des Pfarrers was taugt, müßte er auch durch die Mütze gehen.“

Was Familien erleben

Der Neue

Philipp kommt die Treppe raufgerannt und stürzt in die Wohnung.
„Papa und Mama, darf ich gleich noch einmal hinunter? Unten auf der Straße wartet Marc, der ist neu in unserer Klasse. Der kann tolle Grimassen schneiden und sein Gesicht genauso doof verziehen wie der Papa – sogar ohne Rasierapparat!"
„Jetzt sag mir erst einmal: Wie siehst du denn aus? Du blutest ja aus der Nase und deine Hose ist starr vor Dreck! Wer hat dich denn so zugerichtet? Hat einer mit dir gerauft?"
„Ja. Aber das ist schon vor einer Stunde gewesen", räumt Philipp ein. „Da hat Marc nämlich noch nicht gewußt, wie stark ich bin!"
„Da habt ihr euch aber anscheinend schnell versöhnt?" vermutet die Mutter. „Als ich nämlich zum Fenster hinausgeschaut habe, habe ich gesehen, wie dir ein Junge ein Bonbon gegeben hat."
„Ja", bestätigt Philipp, „das war der Neue. Aber

das war kein Bonbon, sondern ein Zahn von mir, der bei der Rauferei rausgeflogen ist – aber der hat sowieso schon gewackelt! Also, darf ich jetzt wieder hinunter?“

Das Zeltlager

Daniel ist mit der Jugendgruppe der Gemeinde im traditionellen Zeltlager. Als weder Vater noch Mutter sich beim Besuchstag sehen lassen, macht Daniel sich so seine Gedanken. Er schreibt einen Brief mit folgendem Inhalt: „Liebe Eltern, schickt mir sofort Geld, damit ich sehen kann, ob es Euch noch gutgeht!“

Geburtstagswünsche

Der Geburtstag des Vaters steht vor der Tür.
„Das schönste Geburtstagsgeschenk für mich wäre“, sagt der Vater, „wenn meine beiden Kinder fleißige Schüler sein würden.“
„Zu spät!“ ruft Hansi, „jetzt haben wir dir schon eine Krawatte gekauft!“
Da lacht die Mutter und weist darauf hin, daß sie ja auch in drei Wochen Geburtstag habe – und ob sie vielleicht ihren Geburtstagswunsch heute schon äußern dürfe.
Da sind Hansi und Ralfi recht gespannt.

Dann sagt die Mutter: „Also, ich wünsche mir zwei ganz brave Jungen!"
„Au, super!" ruft Ralfi begeistert, „dann sind wir ja schon vier Jungen!"
„Dürfen wir auch unseren Geburtstagswunsch schon sagen?" will jetzt Hansi wissen. „Der Papa schimpft doch immer, daß man sich wegen unserer Streiche bei den Nachbarn schon gar nicht mehr sehen lassen kann. Können wir da nicht Fahrräder mit Gangschaltung bekommen, damit sich unsere Streiche auf ein größeres Gebiet verteilen?"

Geschwisterliebe

Als Markus von der Schule zum Mittagessen heimkommt, erzählt er beleidigt, daß ihn der Pfarrer heute in der Religionsstunde einen „Halbidioten" genannt habe. Da lacht seine Schwester Christiane und meint: „Da kannst du wieder einmal sehen, wie vornehm unser Pfarrer ist, daß er dir nicht die volle Wahrheit gesagt hat."
„Wart nur, du Ekel", schimpft Markus, „mit dir hab' ich sowieso noch ein Hühnchen zu rupfen! Was hast du eigentlich heute morgen auf dem Schulweg zu Laura gesagt? Sie hat mir vorhin erzählt, daß sie dich gefragt habe, ob ich ein Büchernarr sei. Darauf hast du geant-

wortet: ‚Nein, der ist nur ein ganz gewöhnlicher Narr!' Das war gemein von dir!"
„Führ dich nicht so auf, Kleiner! Wer hat denn gestern, als ich den Holzsplitter im Finger hatte, so scheinheilig gefragt, ob ich mir vielleicht mit meinem Finger am Kopf gekratzt hätte? Aber red ruhig weiter, das geht bei mir in das eine Ohr rein und durch das andere wieder raus."
„Das ist ja auch gar kein Wunder! Da ist ja nichts zwischen deinen Ohren, was das vielleicht aufhalten könnte!"
„Darauf sage ich jetzt nichts mehr!" erwidert Christiane. „Du bist sowieso das größte Kamel, das ich in meinem Leben gesehen habe!"
„Und du", hält Markus dagegen, „bist überhaupt das größte Kamel, das herumläuft!"
„Schluß jetzt!" ruft der Vater dazwischen. „Ihr habt anscheinend vergessen, daß eure Mutter und euer Vater auch noch im Zimmer sind!"

Heutige Jugend

Während des Mittagessens hält der Vater seinen Kindern wieder einmal eine Gardinenpredigt: „Ihr habt ja keine Ahnung", weist er sie zurecht, „als ich noch in eurem Alter war, da habe ich jeden Tag bis zu zwölf Stunden gearbeitet!"

„Und in welchem Alter bist du nachher zur Vernunft gekommen?" ist das einzige, was Peter dazu sagen kann.
Da flippt der Vater fast aus und schimpft: „Verwöhnte Bande, ihr könnt nur das Geld rausschmeißen! Ich hab' es euch ja schon erzählt, wie schlecht es uns damals nach dem Krieg ging und wie wir im kalten Zimmer gefroren und dauernd gehungert haben. Wir hatten es nicht so gut wie ihr!"
Da meint die kleine Sophie nur: „Da kannst du ja froh sein, daß du jetzt bei uns bist!"

Das Sorgenkind

Kai ist ein richtig frecher Lausbub. Schon oft hat die Mutter zu hören bekommen, sie könne ihr „Früchtchen" nicht richtig erziehen. Gerade vorhin hat Frau Meyer aus der Nachbarschaft angerufen, daß Kai ihrem Sohn Kurt in den Bauch getreten habe.
Als Kai von der Schule verdreckt und zerzaust heimkommt, geht ihm die Mutter schnurstracks entgegen und schaut ihm forschend ins Gesicht, so daß er gleich von selbst anfängt zu erzählen: „Du Mama, du hast doch gehört, wie ich heute morgen zu meinem Schutzengel gebetet habe, daß er mich heute vor schlimmen Sachen und Dummheiten bewahren soll!"

„Ja, das war brav von dir", lobt die Mutter.
„Ja, aber er hat's nicht geschafft!" brummt Kai. „Denn der Kurt hat mir einen Mordsstein an den Kopf geschmissen, so daß ich eine Riesenbeule habe."
Aber die Mutter kennt ihren Pappenheimer schon und fragt: „Und du hast, wie ich dich kenne, natürlich wieder angefangen?"
„Ja", räumt Kai ein, „aber meiner war nur ein Lehmbrocken, und ich hab' Kurt ja auch nicht getroffen! Und außerdem war ganz allein der Kurt schuld, daß zuletzt noch die Fensterscheibe zerbrochen ist!"
„So, und wie ist das passiert?"
„Als ich noch einen Stein nach ihm geworfen habe, der ihn sicher getroffen hätte, hat er sich schnell gebückt."
„Ich habe aber auch gehört, daß du Kurt in den Bauch getreten hast!"
„Das war schon vorher. Und ich wollte ihn ja auch nicht in den Bauch treten, sondern in den Po. Er hat sich nur zu schnell umgedreht!"
„Ach du lieber Gott", jammert die Mutter. „Ich weiß nicht mehr, was ich mit dir machen soll: Schläge nützen nichts, gut zureden auch nicht ... Was soll aus dir noch werden? Vor kurzem noch warst du der liebste Junge in unserer Straße. Willst du das nicht wieder sein?"
„Ich will ja schon lange", versichert Kai, „es kommt aber jedesmal etwas dazwischen!"

Das Internat

Toni hält viel von seinem Vater. Darum ist er auch sehr enttäuscht, als der Vater ihn eines Tages in die Internatsschule schicken will, weil die so gut sei.
„Dort kannst du gute Manieren lernen, und dann bist du später wer!" sucht die Mutter zu vermitteln.
„So, und warum kann ich die nicht bei euch lernen?" hält Toni dagegen und macht die Mutter damit sprachlos.
„Na", sagt dann der Vater, „aber wir wollen doch, daß du einmal ein gescheiter und feiner Herr wirst!"
Nun verschlägt es auch dem Vater die Sprache, als Toni zornig mit dem Fuß auf den Boden stampft und ruft: „Aber ich will ja kein gescheiter und feiner Herr werden – ich will genauso werden wie du!"
Und als nun keiner mehr was sagt, setzt Toni noch einen drauf und stöhnt laut: „Das hat der liebe Gott falsch gemacht, daß wir Kleinen bald unsere ganze Kraft verbrauchen müssen, um unsere Eltern zur Vernunft zu bringen!"
Da schauen die Eltern einander an und nicken sich gegenseitig zu – irgendwie wollen sie Toni beibringen, daß da auch noch was anderes im Spiel ist, was die ganze Planung nahelegt: näm-

lich, daß bald wieder ein Baby in der Familie nachkommen soll.
Und da sagen sie erst einmal zu Toni: „Weißt du, wir haben uns was bestellt. Willst du lieber ein Brüderchen oder ein Schwesterchen haben?"
Toni weiß aber gleich, was er will: „Am liebsten möchte ich einen Dackel", sagt er.
Nun müssen die Eltern doch lachen. Aber natürlich lassen sie jetzt so schnell nicht locker – und die Mutter sagt: „Meinst du denn nicht, daß das schön ist, wenn du einen Bruder oder eine Schwester hättest, die immer so ein wenig zu dir halten würden und so?"
Aber davon will Toni auch nichts wissen und meint: „Bis jetzt bin ich mit euch immer ganz allein fertig geworden!"

Zeugnissorgen

Martin schleicht nachts leise an das Bett des Vaters und weckt ihn ganz sanft auf. Dann sagt er: „Papa, ich weiß doch, daß du alles kannst! Aber kannst du auch im Dunkeln schreiben?"
Da wird der Vater hellhörig, was ihm sein Söhnchen so alles zutraut und antwortet:
„Ich denke, das werde ich auch noch können! Was ist es denn?"
„Es ist nicht viel – du brauchst nur da, wo ich

meinen Finger hinhalte, deinen Namen hinzuschreiben."
Jetzt ist der Vater hellwach. „Soll das wieder mal meine Unterschrift sein? Wofür denn?"
Da antwortet Martin kleinlaut: „Für mein Zeugnis."
Der Vater knipst das Licht an und prüft das Zeugnis eingehend. Dann sagt er: „Für so ein schlechtes Zeugnis müßte es eigentlich Prügel geben!"
„Au prima", meint Martin ganz begeistert. „Ich weiß, wo der Lehrer wohnt, und zeig' dir morgen den Weg zu ihm!"

Das Kaninchen

Der sechsjährige Tim kommt ganz aufgeregt in die Apotheke und will ein Abführmittel kaufen. Da fragt die Apothekerin, wofür er das denn brauche.
„Mein Vater will das Kaninchen schlachten, weil es fett ist. Ich brauche etwas, damit es wieder abnimmt!"
Die Apothekerin zeigt zwar Verständnis, sagt dann aber: „Es tut mir leid, aber Kindern darf ich keine Arznei verkaufen!"
Doch Tim hat schon wieder eine neue Idee, die er zu Hause seiner Schwester verrät: „Ich nehme das Kaninchen heute abend heimlich aus

seinem Stall raus und verstecke es in meinem Schlafzimmer!"
„Oh je", wirft die Schwester ein, „aber denk doch einmal an den Geruch!"
„Daran muß sich das Kaninchen halt gewöhnen!" antwortet Tim.
Das Kaninchen hat den Umzug allerdings nicht heil überstanden. Schon am Morgen liegt es tot in der Kiste. „Vielleicht ist es an Aufregung oder Herzverfettung gestorben", meint die Schwester lakonisch.
Tim nimmt die Sache doch recht mit, und er weint sogar noch, als er in der Schule dem Herrn Pfarrer davon erzählt. Der versucht ihn zu trösten: „Neulich hast du doch auch nicht so geweint, als dein Opa gestorben ist!"
„Den hatte ich doch auch nicht von meinem Taschengeld gekauft", schluchzt Tim weiter.
„Menschenskind, sei doch nicht so eine Heulboje! Das ist nun mal im Leben so. Alle Menschen und Tiere müssen irgendwann einmal sterben. Daran kann man gar nichts machen! Das hat der liebe Gott so eingerichtet!"
Da sagt Tim wie aus der Pistole geschossen: „Ich möchte nur mal wissen, was der sagen würde, wenn sein schönster Erzengel kaputtginge!"

Schlagabtausch

Alexander geht sonntags immer zum Gottesdienst, aber heute liegt er krank im Bett. Als Sibylle, seine Schwester, endlich von der Kirche heimkommt, will er sogar wissen, wie es war. Sibylle ist aber nicht gut aufgelegt und bleibt kurz angebunden.
„Warst du in der Kirche?"
„Ja!"
„Hat der Pfarrer gepredigt?"
„Ja!"
„Über was denn?"
„Das hat er nicht gesagt!"
„Überleg doch mal! Du mußt doch wissen, über was er gepredigt hat!"
„Über die Sünden!"
„Und was hat er darüber gesagt?"
„Er war dagegen!"
Alexander ist wütend über die einsilbigen Antworten seiner Schwester.
„Du hast wohl ein kleines Tier im Kopf", schimpft er, „das deinen Verstand langsam auffrißt!"
„Und bei dir wäre das kleine Tier längst verhungert!" hält Sibylle giftig dagegen.
„Haha, daß ich nicht lache!" tönt Alexander überlegen. „Erst letzte Woche haben wir im Biologieunterricht durchgenommen, daß das männliche Gehirn größer und schwerer ist als

das weibliche. Und was solltest du, liebe Schwester, bitte daraus schließen können ...?"
„Daß es nicht auf die Quantität, sondern alleine auf die Qualität ankommt!" gibt Sibylle schlagfertig zurück.

Diese verflixten Fremdwörter

Katrin kommt heute sehr verspätet von der Schule nach Hause. Die Mutter hat sich inzwischen schon Sorgen gemacht und fragt deshalb auch gleich, was denn los war.
„Ich hab' nachsitzen müssen", erzählt Katrin, „weil ich nicht gewußt habe, wo die Azoren liegen."
„Das geschieht dir recht", sagt die Mutter, „dann paß in Zukunft besser auf deine Sachen auf!"
„Und weißt du schon, Mama, der Lehrer hat erzählt, daß in der Zeitung steht, daß der Ätna ausgebrochen ist!"
„Da mach dir mal keine Sorgen", versucht die Mutter zu beruhigen. „Die Polizei wird ihn schon wieder einfangen."
„Der Lehrer hat auch gesagt, daß wir nächste Woche alle eine Enzyklopädie kriegen würden."
„Ach, du meine Güte", seufzt die Mutter jetzt, „da lassen wir dich am besten gleich dagegen impfen!"

Ein guter Christ

Am letzten Schultag vor den großen Ferien hat Anja ihr Zeugnis bekommen. Als sie von der Schule nach Hause kommt, sitzen die Eltern schon beim Essen. Gleich beim Hereinkommen platzt es aus ihr heraus: „Vater und Mutter, bleibt ruhig sitzen; ich bleibe nämlich auch sitzen!"
Dem Vater bleibt vor Schrecken der Bissen im Hals stecken – aber als er dann doch endlich geschluckt hat, sagt er streng: „Da will ich mir dein Zeugnis erst einmal anschauen!"
„Das geht jetzt nicht!" erklärt Anja. „Das habe ich der Steffi geliehen. Die will mit dem Zeugnis ihre Eltern erschrecken!"
„Du enttäuschst mich ja immer mehr", ärgert sich der Vater. „Da bist du jetzt sicher von den siebenundzwanzig Schülern deiner Klasse auch noch die allerletzte geworden?"
„Ja", räumt Anja ein, „aber es hätte noch schlimmer kommen können. In der Parallelklasse wären es nämlich zweiunddreißig Schüler gewesen. Aber tröste dich, Vater! Gewiß erinnerst du dich noch, daß du mir beim Schuljahrsbeginn ein Fahrrad versprochen hast, falls ich das Klassenziel erreichen würde. Das brauchst du jetzt nicht zu kaufen – und da hast du durch das blöde Zeugnis eine ganze Menge Geld gespart!"

„Ich will lieber hoffen", sagt der Vater, „daß das nächstes Jahr nicht noch einmal vorkommt, damit ich dir das Fahrrad doch noch kaufen kann!"

„Vater, ich glaube, du bist doch ein guter Christ!" meint darauf Anja. „Letzten Sonntag hat nämlich der Pfarrer in der Kirche gesagt: ‚Ein guter Christ verliert nie die Hoffnung!'"

Glaubenseinsichten

Himmlische Ruh

An seinem vierten Geburtstag darf Boris abends länger aufbleiben. Gegen zehn Uhr fällt er dann endlich todmüde in sein Bett.
„Aber dein Abendgebet solltest du trotzdem noch sprechen", empfiehlt die Mutter.
„Ja, meinst du denn, daß da oben im Himmel jetzt noch einer wach ist?" fragt Boris.
Am nächsten Tag wird der Kleine schon in aller Frühe geweckt, weil die Familie in die Ferien fahren will. Noch im Schlafanzug fällt sein Blick auf die Straße, wo gerade der Herr Pfarrer vorbeigeht.
„Wo geht denn der Pfarrer so früh schon hin?" will Boris wissen.
„Der Herr Pfarrer geht jeden Tag schon sehr früh zur Kirche, um zu beten", erklärt die Mutter.
Darauf Boris erstaunt: „Ja, wollen denn die da oben im Himmel nicht auch mal ihre Ruhe haben?"

Gottes Fügung

Dem Ernst hat das Leben schwer zugesetzt. Zuerst ist seine Frau und bald darauf sein Hund, an dem er sehr gehangen hat, gestorben. Jetzt liegt er auch noch schwer verletzt im Krankenhaus.
Beim Mittagessen sagt Frau Berger zu ihrer Tochter: „Wir wollen den Onkel Ernst doch einmal im Krankenhaus besuchen und auch für ihn beten." Und nach einer kurzen Pause fügt sie noch hinzu: „Er ist so ein guter Mensch, ich versteh' gar nicht, warum der liebe Gott ausgerechnet ihn so hart prüfen muß!"
Da meint die fünfjährige Sophie: „Ich glaub', die Oma weiß es, die sagt nämlich immer: ‚Was sich liebt, das neckt sich!'"

Aberglaube

Im Religionsunterricht spricht der Pfarrer mit den Kindern über das Thema „Aberglaube".
„Wenn sich einer einen Teddybären ins Auto hängt und glaubt, daß der ihn vor Unglück bewahrt, dann ist das abergläubisch", erklärt er. „Oder auch, wenn sich einer vor der Zahl dreizehn fürchtet", ergänzt er.
Peter kann auch gleich die Ausführungen vom Pfarrer unterstreichen: „Mein Vater hat gesagt,

daß er im Hotel immer zuerst nach dem Zimmer mit der Nummer dreizehn fragt. Wenn das frei ist, hat er Schwein gehabt, weil es oft billiger als die anderen Zimmer ist."
„Also, da könnt ihr sehen, daß Aberglaube Unsinn ist", erklärt der Pfarrer. „Genauso braucht man sich auch nicht zu fürchten, wenn einem eine schwarze Katze begegnet."
Da ist Michaela aber ganz anderer Ansicht. „Daß man sich vor der schwarzen Katze nicht zu fürchten braucht, Herr Pfarrer, stimmt aber bestimmt nicht, wenn man eine Maus ist!"
Jetzt muß der Pfarrer lachen – und das gibt dem Freddy Mut genug zu verraten, daß er daheim über seinem Bett schon lange ein Hufeisen hängen hat. Da wird der Pfarrer gleich wieder ernst und sagt: „Aber du glaubst den Unsinn mit dem Hufeisen als Glücksbringer jetzt hoffentlich nicht mehr!"
„Nein, überhaupt nicht", versichert Freddy, „aber, ich habe gehört, daß es auch Glück bringen soll, wenn man nicht daran glaubt!"

Göttliche Wunder

Die Lehrerin hat den Kindern gerade erklärt, daß der magnetische Nordpol nicht mit dem geographischen Nordpol übereinstimmt.

„Hat der liebe Gott noch mehr solche Fehler gemacht?" will Steffi wissen.
Da muß die Lehrerin lachen, und sie sagt, daß das kein richtiger Fehler, sondern daß im Gegenteil alles in der Natur recht folgerichtig sei.
„Das stimmt eigentlich", nickt Steffi. „Ich wundere mich immer schon darüber, daß die Hühner die Eier so groß legen, daß sie genau in die Eierbecher der Menschen passen."
„Und den Menschen", ergänzt Ralf ganz überzeugt, „hat der liebe Gott auch schon immer die Ohren wachsen lassen, damit sie später eine Brille aufsetzen können!"

Der Zölibat

Freddy erzählt dem Pfarrer, daß gestern beim Mittagessen über das Wetter geschimpft wurde, weil es über Pfingsten wieder so schlecht war.
„Mein Vater hat gesagt: ‚Das Wetter macht der liebe Gott immer so, wie er will!' Darauf hat meine Schwester ganz erstaunt gefragt: ‚Ist denn der liebe Gott nicht verheiratet, daß der immer machen kann, was er will?'"
Ob seine Schwester damit denn recht habe und ob das womöglich auch der Grund sei, daß der Herr Pastor nicht verheiratet sei, will Freddy nun wissen.

Der geistliche Herr lacht und versucht zu erklären: „Lieber Freddy, katholische Priester heiraten nicht, weil sie wie Jesus Zeugnis geben und immer für die Gemeinde Zeit haben sollten. Verstehst du das?"
„Ja", sagt Freddy, „und jetzt weiß ich auch, daß meine große Schwester unrecht hat. Sie hat nämlich gestern gemeint, daß Sie vielleicht bloß zu schüchtern gewesen sind!"

Die Engel

Der Pfarrer hat die Kinder gerade belehrt, daß die Engel keinen Leib haben. Da muß Bastian erst einmal lachen: „Das muß ja komisch aussehen: oben der Kopf und darunter dann gleich die Beine?"
Jetzt muß der Pfarrer natürlich erst einmal erklären, daß die Engel ja Geister sind, die überhaupt keinen Leib haben – auch keinen Kopf und keine Beine. Aber das glaubt ihm der Bastian auf gar keinen Fall.
„Ha, ha, ha", sagt er, „und mit was sollen sie dann landen?"

Biblische Ordnungen

Als der Pfarrer einen seiner Ministranten besuchen will, sagt ihm die Mutter an der Haustür, daß der gerade oben in seinem Zimmer sei. Der Herr Pfarrer solle ruhig einmal hinaufgehen, um das Durcheinander mit eigenen Augen zu sehen.

„Vielleicht können Sie ihm bei dieser Gelegenheit auch gleich einmal ins Gewissen reden", bittet die Mutter den Pfarrer.

Oben im Zimmer sieht es tatsächlich aus, als wäre gerade eine Bombe explodiert.

„Wenn ich mich hier umschaue und dieses Tohuwabohu sehe, glaube ich, in deinem Zimmer sieht es so ähnlich aus, wie die Bibel die Welt vor dem ersten Schöpfungstag beschreibt."

Martin ist aber kein bißchen verlegen und meint selbstbewußt: „Das wundert mich gar nicht, wenn Sie bei meinem Zimmer an die Bibel denken, weil ja tatsächlich bei mir alles nach einem biblischen System organisiert ist, welches heißt: ‚Suchet, so werdet ihr finden!'"

„Und das will ich dir übrigens bei dieser Gelegenheit auch einmal sagen", hakt der Pfarrer nochmals nach. „Ich sehe dich immer wieder ordnungswidrig mit deinem Fahrrad ohne Licht in der Dunkelheit herumfahren. Das ist eine Sünde bei diesem Verkehr!"

Auch in diesem Fall erweist sich Martin als recht bibelfest: „Hat denn Jesus nicht gesagt: ‚Selig sind die, die nicht sehen und doch glauben‘?“

Der Jüngste Tag

In der Religionsstunde spricht der Kaplan mit den Kindern der vierten Klasse über die Ereignisse des Jüngsten Tages. Die Kinder sind sichtlich beeindruckt. Michael meldet sich und sagt: „Ich freu' mich schon darauf! Wir wohnen nämlich direkt neben dem Friedhof, und da kann ich dann alles ganz genau sehen!“
Andrea dagegen hat nur eine Sorge: „Wenn das passiert, haben wir dann schulfrei?“
Lars hat sich tiefergehende Gedanken gemacht und will wissen: „Bei der Auferstehung der Toten – kann man Gott dann wirklich sehen?“
„Ja, gewiß!“ bejaht der Kaplan.
Da freut sich Lars und strahlt: „Dann kann man endlich einmal ‚Grüß Gott‘ sagen!“

Der Baum im Paradies

Die Religionslehrerin wiederholt bei den ABC-Schützen die Geschichte von Adam und Eva. „Könnt ihr euch denken, warum es verboten

war, von den Äpfeln des Baumes zu essen?" fragt sie die Kinder.
Anscheinend haben diese sich dazu schon so ihre Gedanken gemacht und sind deshalb um Antworten nicht verlegen.
„Vielleicht waren die Äpfel noch nicht reif?"
„Vielleicht hat Gott die Äpfel aufheben wollen, wenn einmal Besuch kommt?"
„Vielleicht waren die Äpfel gespritzt?"
„Vielleicht haben sie die Äpfel einmachen wollen?"
Sabrina glaubt, es genau zu wissen: „Adam und Eva sind ja überhaupt blöd gewesen. Wenn sie gewartet hätten, bis es Herbst ist, wären die Äpfel von ganz allein runtergefallen, und keiner hätte was gemerkt, wenn sie ein paar davon geklaut hätten!"

In der Reitschule

Christian ist einer der Lieblingsmeßdiener vom Herrn Pfarrer, denn er ist sehr zuverlässig und ein Freund von religiösen Dingen und Heiligenverehrung. In seiner Freizeit ist er ein ausgemachter Fernsehfan, der schwer von der Flimmerkiste wegzubekommen ist. Und als er eines Tages wieder einmal einen Cowboy-Film anschaut, wünscht er sich, auch so reiten zu können wie die Cowboys in dem Film. Noch

am selben Nachmittag meldet er sich bei der Reitschule zu einem Kurs an.
Seine erste Reitstunde verläuft allerdings wenig erfolgreich. Verzweifelt versucht er, auf das große Pferd zu steigen. Das Pferd wird jedoch immer unruhiger, und Christian weiß sich schließlich keinen anderen Rat mehr, als ein Stoßgebet zum Himmel zu senden: „Ihr heiligen Vierzehn Nothelfer, helft mir auf das Pferd hinauf!"
Sogleich gelingt es ihm, sich so kraftvoll auf das Pferd zu schwingen, daß er auf der anderen Seite gleich wieder herunterfällt.
„Zum Donnerwetter!" schimpft er. „Ihr müßt doch nicht alle vierzehn auf einmal nachhelfen!"

Schulerlebnisse

Der Bergausflug

Der Lehrer unternimmt mit seiner Klasse einen Ausflug in die Berge. Nach einer ausgedehnten Wanderung statten Lehrer und Schüler dem ortsansässigen Holzschnitzer einen Besuch ab. Der zeigt ihnen sein Glanzstück: ein Pferd, das auf den Hinterbeinen steht.
Alle staunen ehrfürchtig. Kathrin unterbricht die Stille und fragt den Holzschnitzer: „Wie machen Sie denn so etwas eigentlich?"
„Das ist ganz einfach", strahlt dieser. „Man nimmt einen Holzklotz und schnitzt daran alles weg, was nicht nach Pferd aussieht!"
„So einfach ist das also", wundert sich Kathrin.
Einige andere aus der Klasse aber sind nicht so leicht zu überzeugen. Marcel sagt es geradeheraus: „Das glaube ich Ihnen nicht. Denn wie wollen Sie schon vorher gewußt haben, daß in dem Holzklotz dieses Pferd steckt!"

„Per Sie"

Klausi ist schon längst ein Zweitkläßler, und trotzdem redet er seinen Lehrer immer noch mit „du" an, obwohl ihm der Lehrer das schon oft untersagt hat. Diesmal erteilt ihm der Lehrer die Strafe, daß er fünfzigmal schreiben muß: „Zum Lehrer sagt man ‚Sie'."
Am nächsten Tag gibt Klausi seine Strafarbeit ab, und er hat es sogar hundertmal geschrieben. Da wundert sich der Lehrer und fragt ihn, warum er das gleich hundertmal geschrieben habe.
„Ich wollt' dir halt eine Freude machen!" sagt Klausi ganz treuherzig.
Da ist der Lehrer zuerst ganz perplex. Aber dann muß er doch lachen, und er lädt Klausi zu einem Eis ein. Dabei erklärt er ihm auch, daß die Lehrer Respektspersonen sind, die man grüßen und zu denen man „Sie" sagen muß.
Der Klausi nickt, daß er das verstanden hat, und dann erzählt er dem Lehrer sogar, daß er ja später selber einmal Lehrer werden will.
„Aber du bist doch gar nicht so begabt?!" wundert sich der Lehrer.
„Aber ich habe immer so eine große Freude an den vielen Ferien!" meint Klausi, der sich das schon ganz genau überlegt hat.

Zwillinge

Sonja und Judith sind Zwillinge und in diesem Jahr in die Schule gekommen. Der Lehrer weiß überhaupt nicht mehr, wie er die Mädchen auseinanderhalten soll, und das sagt er ihnen dann auch einmal.
„Das können Sie aber leicht merken!" erzählt Sonja. „Judith kann nämlich erst bis zehn zählen und ich schon bis zwanzig."
Da lacht der Lehrer und verspricht, daß er darauf gut achten wolle, aber ob sie nicht auch noch ein anderes Merkmal hätten.
„Ja", verrät jetzt Judith, „Sonja ißt lieber Wurst – und ich lieber Käse!"

Autofahrer von morgen

Die Fahrschullehrer des kleinen Städtchens können sich über ihre Fahrschüler oft halb totlachen. Einmal unterhalten sie sich darüber, welche Antworten sie manchmal von ihren Fahrschülern bekommen.
Fahrlehrer: „Was bedeutet es, wenn einer, der vor Ihnen fährt, den linken Arm waagrecht aus dem Fenster streckt?"
Fahrschüler: „Daß das Fenster offen ist!"
Fahrlehrer: „Welches Rad dreht sich in einer Linkskurve am wenigsten?"

Fahrschülerin: „Das Reserverad."
Fahrlehrer: „Was kann man – wenn man von den Scheinwerfern einmal absieht – noch für eine gute Sicht tun?"
Fahrschüler: „Die Scheiben des Autos sauber putzen! Das kann man sich jedoch sparen, wenn es schon dunkel ist!"
Zum Schluß erzählt einer der Fahrlehrer noch, er habe seinen Schülern gesagt, daß man eine Einbahnstraße nur in einer Richtung befahren darf, und da habe ein Fahrschüler gefragt: „Was ist denn daran so außergewöhnlich? Man fährt doch immer nur in eine Richtung!"

Muttermilch

„Welche Vorzüge hat die Muttermilch gegenüber der Kuhmilch?" fragt die Lehrerin im Biologieunterricht.
Iris hat gut aufgepaßt und kann gleich drei nennen: „Erstens: Die Muttermilch ist bekömmlicher. Zweitens: Sie ist viel billiger. – Und drittens: Die Katze kann nicht an sie heran!"

Schulratsbesuch

Als der Schulrat in der Schule visitiert, sieht er, wie der zehnjährige Michael neben der Klassenzimmertür mit den Händen in den Hosentaschen an der Wand lehnt. Der Schulrat fragt ihn nach seinem Namen und ob er ihn kennen würde. Da sagt Michael gar nicht verlegen: „Ja, ich weiß, daß Sie der Schulrat sind. Unser Lehrer hat uns gestern schon vorgewarnt, daß Sie heute ganz unvermutet reinplatzen können."

„Und warum grüßt du mich dann nicht?"

„Das würde ich ja gerne", meint Michael, „aber ich weiß ja überhaupt nicht von wem!"

„Aber noch etwas anderes: Warum stehst du eigentlich vor der Klassenzimmertür?" fragt der Schulrat.

„Ich hab' einen gelassen, und da hat mich der Lehrer vor die Tür gestellt", erzählt Michael grinsend.

„So, und da lachst du auch noch?"

„Ja, das ist ja auch zum Lachen", antwortet Michael. „Mich schickt der Herr Lehrer an die frische Luft, und er selber bleibt drinnen im Mief sitzen."

Darauf nutzt Michael auch gleich noch die günstige Gelegenheit und fragt den Schulrat, ob es wahr sei, daß die Lehrer Geld dafür bekommen, daß sie in die Schule gehen.

„Aber klar!"
„Das finde ich aber echt beschissen, wo doch die Kinder die Hauptarbeit machen!"
Da muß der Schulrat schmunzeln, und er nimmt sich die Zeit, Michael von der vielen Arbeit, welche die Lehrer haben, zu erzählen. Zum Schluß schlägt der Junge vor: „Da könnte ich ja einmal eine Woche daheimbleiben, um den Lehrer zu entlasten!"
„Deinetwegen wird dein Vater noch graue Haare bekommen!" meint darauf der Schulrat leicht resignierend.
„Da würde sich mein Vater freuen, denn bis jetzt hat er eine Glatze!"

Das Wasser

Im Naturkundeunterricht wird über das Wasser geredet, und die Lehrerin macht es modern und läßt die Kinder erst einmal reden, was sie alles schon über das Wasser wissen. Da schnalzen sie alle mit den Fingern, daß man meinen könnte, sie wollten den Unterricht alleine halten, weil sie natürlich alle schon mit dem Wasser eine Menge Erfahrungen gemacht haben.
Steffi sagt: „Wenn es heiß wird, dann raucht's!"
„Das heißt beim Wasser nicht Rauch, sondern Dampf!" erklärt die Lehrerin. „Aber weiter!"

„Man kann es trinken, aber Limo schmeckt besser“, weiß Petra, „und wenn es gefroren ist, schmeckt es nach Erdbeer, Himbeer oder Vanille.“

„Lassen wir es mal so stehen“, sagt die Lehrerin, „und weiter!“

„Wenn es gefroren ist, kann man auch Schlittschuh darauf laufen“, weiß Daniela.

„Aber solange es warm ist, kann es nicht gefrieren – höchstens im Gefrierschrank.“

„Gut, und weiter!“

„Wenn es regnet, kommt es vom Himmel herunter.“

„Und der Schnee im Winter ist auch Wasser, hat mein Vater erzählt – und da kann man Schlitten drauf fahren oder Ski.“

„Und drunten im Main können die Schiffe auf dem Wasser fahren, und man muß Brücken darüber bauen, weil man sonst nicht auf die andere Seite kommt.“

„Und im Meer ist es salzig, weil die vielen Salzheringe drin herumschwimmen.“

Da muß die Lehrerin lachen und sagt: „Das erkläre ich nachher noch. Aber schließen wir langsam ab! Noch du, Alexandra!“

„Wenn es kein Wasser gäbe, dann könnten wir nicht das Schwimmen lernen, und dann könnten wir vielleicht später ertrinken!“

Da muß die Lehrerin noch mehr lachen.

„Also, du noch, Christian!“

Zuletzt gibt Christian noch seine Erfahrungen preis: „Und wenn man seine Hände im Wasser wäscht, wird es ganz schwarz!"

Des Lehrers Beschwerde

Der Lehrer kommt zu Tonis Vater, weil er das Gefühl hat, daß er von Toni überhaupt nicht richtig ernst genommen wird, da dieser immer so zweideutig redet. Und er erzählt, wie sie gestern im Unterricht besprochen haben, daß die Vorsilbe „un" den Wörtern eine schlechte Bedeutung gibt. Da haben sie dann miteinander Beispiele gesucht, und Toni hat das Wort „Unterricht" als Beispiel genannt.

„Darüber könnte man ja noch lachen", meint der Lehrer, aber dann ist es wie üblich so weitergegangen mit Toni.

In der folgenden Mathematikstunde hat Toni gesagt, daß er seine Rechenaufgabe gleich zehnmal nachgerechnet hätte – und als ihn der Lehrer gerade loben wollte, hat er gesagt: „Und hier habe ich die zehn Ergebnisse für Sie!"

Gleich darauf in der Geographiestunde hat der Lehrer Toni aufgefordert, einen Berg in den Pyrenäen zu nennen. Da hat Toni ganz frech gefragt: „Welchen Berg denn?"

Nachher in der Geschichtsstunde ist er gefragt worden, welcher Kaiser früher regiert habe,

Heinrich I. oder Otto I., und Toni hat vorlaut geantwortet: „Die haben alle beide früher regiert!"
Da meint der Vater: „Ich trau' dem Schlawiner schon zu, daß er Sie ärgern will, denn daheim macht er es auch immer so! Und ich werde heute abend schon ein Wörtchen mit ihm reden und ihm die Ohren langziehen, damit er das künftig unterläßt!"
„Und da wäre noch etwas besonders Peinliches", fügt der Lehrer zögernd hinzu, „ich habe das Gefühl, daß Toni mich dauernd hinter meinem Rücken nachahmt!"
„Auch das noch!" ruft der Vater. „Und dabei habe ich ihm schon so oft gesagt, daß er sich nicht wie ein Verrückter benehmen darf!"

Alles schon mal dagewesen

Ina kommt fast zehn Minuten zu spät zum Unterricht der Berufsschule. Als sie sich möglichst unauffällig auf ihren Platz setzen will, bemerkt sie der Lehrer und fragt streng, ob sie gestern abend zu spät ins Bett gekommen sei oder ob heute früh ihr Wecker nicht geklingelt habe.
„Nein, ein Junge hat mich verfolgt", lautet ihre Antwort.
„So, und da dauert der Schulweg länger?"
„Ja, der ist immer so langsam gelaufen!"

„Und am Schluß hat er dich erwischt und vielleicht sogar noch geküßt?"
„Ja!"
„Und da warst du natürlich empört?"
„Ja – natürlich – jedesmal!"
„Und woher hast du die roten Fleckchen im Gesicht?"
„Das kommt von der Entwicklung, hat der Doktor gesagt!"
„Da wüßte ich ein Mittel dagegen!"
„Ja, was denn?"
„Rasieren!"
„Rasieren – ich – mich?"
„Nein", sagt der Lehrer, „er – sich!"

Ein Zoobesuch

Die Schulklasse macht mit ihrer Lehrerin eine Unterrichtsfahrt zum Zoo. Alle bleiben zuerst einmal vor dem Affenhaus stehen und schauen zu, wie es dort so zugeht.
Da sagt Heiner: „Schaut einmal her! Der große Affe dort sieht genauso aus wie der Lehrer Hallervorden!"
„Sei sofort still!" ruft die Lehrerin. „So was sagt man nicht!"
Da entschuldigt sich Heiner und meint: „Aber der Affe kann das doch gar nicht verstehen."
Bei der Kamelfamilie will Anne wissen, wel-

ches von den zwei großen Kamelen der Vater und welches die Mutter ist. Da weiß Markus genau Bescheid: „Der Vater ist immer das größte Kamel!"
Auf dem Heimweg im Bus fragt die Lehrerin die Kinder, was ihnen am besten gefallen habe. Da antwortet Florian wie aus der Pistole geschossen: „Daß man einmal alle Schimpfnamen persönlich hat rumlaufen sehen!"
„Und daß man die sich jetzt viel besser vorstellen kann, wenn man daheim damit schimpft", ergänzt Claudia.

Des Lehrers schwere Aufgabe

Als der Lehrer schon ein wenig früher vom Stadion heimgeht, weil er sieht, daß der hiesige Fußballklub sowieso schon wieder verliert, trifft er auf dem Heimweg zufällig den Vater von Julia und beschwert sich bei ihm: „Ihre Tochter Julia legt in der letzten Zeit im Religionsunterricht ein wirklich freches Benehmen an den Tag. Als ich sie fragte, wer den Brief an die Korinther geschrieben habe, hat sie geantwortet: ‚Ich nicht!'"
„Frech mag sie wohl sein", räumt der Vater ein, „aber lügen tut sie nicht. Wenn sie gesagt hat, daß sie den Brief nicht geschrieben habe, dann dürfen Sie ihr das ruhig glauben!"

Am Abend knöpft sich der Vater Julia aber doch noch vor. „Dein Religionslehrer hat mich unterwegs angehalten und gesagt, daß es ihm unmöglich sei, dir im Unterricht etwas beizubringen!"

„Ich habe ja schon immer gewußt, daß der seiner Aufgabe nicht gewachsen ist", rechtfertigt sich Julia.

Julias Bruder kann sich das Lachen nicht verkneifen und gibt ihr den Rat: „Vielleicht solltest du einmal ein bißchen für deinen geplagten Lehrer beten!"

Daran hat Julia überhaupt noch nicht gedacht. Michael weiß auch gleich ein Gebet, das, wie er sagt, von Jesus selbst stammt: „Vergib uns unsere Schuld, wie auch wir vergeben unseren Schullehrern ..."

In der nächsten Schulstunde will der Lehrer wissen: „Na, Julia, was hat dein Vater zu Hause zu dir gesagt?"

Julia wird gleich ärgerlich und schimpft: „Das war gemein von Ihnen, Herr Lehrer! Ich war mit Ihnen auch schon oft unzufrieden. Aber bin ich je auf die Idee gekommen, Ihre Eltern darüber zu informieren?"

Drei Fragen – drei Antworten

Als die Lehrerin Obermeyer in Rente geht, wünschen sich ihre Lehrerkollegen, daß sie bei der Abschiedsfeier die drei lustigsten Antworten erzählt, die sie von ihren Schülern während ihrer langen Lehrerzeit bekommen hat. Und zur Freude aller macht sie das dann auch.
Erste Frage: „Warum sind Nachtgewitter besonders gefährlich?“
Antwort einer Schülerin: „Vielleicht weil der Blitz den Blitzableiter nachts nicht sieht!“
Zweite Frage: „Warum kann man im Winter keine Häuser bauen?“
Antwort eines Zehnjährigen: „Weil beim Frost die Bierflaschen der Maurer platzen würden!“
Dritte Frage: „Wer kann sich denn denken, warum im Gebirge heute noch so viele Häuser aus Holz gebaut werden?“
Antwort eines Schülers: „Wahrscheinlich brauchen die dort die Steine für die Berge!“

Künftige Berufe

Der Lehrer fragt seine Zweitkläßler, ob sie vielleicht schon wissen, was sie später einmal werden wollen. Die meisten Jungen sind sich da gleich einig: „Lokomotivführer oder Flugzeugpilot.“ Thomas hat sich zu Hause schon Ge-

danken darüber gemacht und weiß, daß er im Sommer Lehrer und im Winter Maurer sein will, weil die einen im Sommer und die andern im Winter nichts zu tun haben.
Alexander will sich das Ganze bis morgen noch einmal überlegen.
Bis zum nächsten Tag hat er offenbar recht gründlich nachgedacht, denn sehr überzeugt verkündet er: „Ich werde Schornsteinfeger! Da sieht meine Mutter nicht, wenn ich mich schmutzig gemacht habe, und sie kann mich auch nicht verhauen, weil sie sonst selbst schwarz wird!“

Von Großeltern und Anverwandten

Omas Geburtstag und die Folgen

Anna gratuliert ihrer Oma zum Geburtstag und will ihr dabei auch etwas Nettes sagen: „Liebe Oma, wenn du auch wieder ein Jahr älter geworden bist, so siehst du doch jedes Jahr jünger aus!"
„Jetzt übertreibst du aber, du Schmeichelkatze!" meint die Oma.
„Na ja, dann sagen wir halt: jedes zweite Jahr!"
Über das Kompliment hat die Großmutter sich so gefreut, daß sie sich die Woche darauf im Schönheitssalon ein wenig zurechtmachen läßt. Und tatsächlich bemerkt Anna das auch gleich, und sie ruft: „Was haben sie denn mit dir gemacht, Oma? Jetzt siehst du wirklich viel jünger aus! Paß auf, daß sie dir die Rente nicht wieder streichen!"
Da gibt die Oma Anna vor Freude einen dicken Kuß und schenkt ihr zwanzig Mark für die Disco.
Das erneute Kompliment läßt der Oma aber keine Ruhe, und ein paar Tage später läßt sie

sich noch einmal ein wenig zurechtmachen. Jetzt trägt sie sogar Hosen und kurzgeschnittenes Haar.
Als Anna wieder zu Besuch kommt und ihre Oma sieht, macht sie Stielaugen und kann bloß noch staunen.
„Na, sag bloß, daß ich jetzt immer noch wie eine alte Frau aussehe?" fragt die Oma herausfordernd.
„Nein!" platzt Anna heraus. „Jetzt siehst du aus wie ein alter Mann!"

Das Gewitter

Der Großvater ist ganz plötzlich gestorben. Die Mutter will es der vierjährigen Susi möglichst schonend beibringen. Deshalb sagt sie: „Liebe Susi, dein Opa ist jetzt droben im Himmel. Dort geht es ihm gut, und er hat alles, was er braucht!"
Als am Abend nach der Beerdigung des Großvaters ein Gewitter aufzieht, sagt Susi freudestrahlend zu ihrer Mutter: „Hörst du das, Mama, vielleicht darf Opa heute schon zum ersten Mal donnern!"

Zu Besuch

Bei Familie Bauer ist ein Baby zur Welt gekommen. Als die Mutter aus dem Krankenhaus heimkommt und der Vater wieder arbeiten muß, bleibt nur wenig Zeit für Stephan, den fünfjährigen Sohn der Familie. Deshalb schlägt der Vater vor, daß Stephan ein paar Tage bei seiner Tante Ilse verbringen solle. Die könne ihm bei dieser Gelegenheit auch gleich ein paar gute Manieren beibringen.
Die Tante freut sich über den Besuch. Sie fragt ihren Neffen, wem denn die kleine Schwester ähnlich sehe. Stephan ist sich da ganz sicher: „Die Augen sehen aus wie beim Papa und die Nase wie bei der Mama, und hinten sieht es aus wie bei der ganzen Familie."
Sie setzen sich zum Mittagessen hin. Tante Ilse hat Suppe mit Frankfurter Würstchen gekocht. Als Stephan anfängt, die Wursthaut von den „Frankfurtern" abzupellen, sagt die Tante: „Stephan, schau einmal her: Ich esse die Wursthaut mit!"
„Das habe ich schon gesehen", antwortet Stephan ungeniert. „Darum habe ich meine Wursthaut für dich auf den Tellerrand gelegt!"

Nachhilfestunden

Herbert ist sieben Jahre alt und sehr verwöhnt. Als er eines Tages schlechtgelaunt aus der Schule kommt, fragt ihn die Mutter gleich ganz besorgt, ob denn der Rechentest zu schwer gewesen sei.

„Nein", antwortet Herbert motzig, „den hättest sogar du bestehen können!"

„Oder hat der Lehrer bemerkt, daß dir Papa bei den Hausaufgaben geholfen hat?"

„Das kannst du glauben! Er hat gleich gesagt, daß ein Mensch allein doch gar nicht so viele Fehler machen könne. Ich finde das echt gemein, daß ich immer dafür büßen darf, was der Papa falsch macht!"

„Aber Herbert", beschwichtigt die Mutter, „Papa hat es doch nur gut gemeint und will dir doch bloß helfen!"

„Aber du lieber Himmel", heult Herbert los, „wie soll denn das bloß in der nächsten Klasse werden, wenn Papa jetzt schon nicht mehr mitkommt! Könntest du nicht einmal mit dem Opa reden, daß er Papa ein paar Nachhilfestunden gibt?"

Die Bestechung

Der alte Müllers-Opa hat am Sonntag noch nie einen Gottesdienst versäumt. Jeden Sonntag kommt er in die Kirche und setzt sich mit seinem Enkelkind in die vorletzte Bank. Aber der Mann wird halt auch älter und schläft jetzt während der Predigt des Pfarrers immer wieder einmal ein und stört mit seinem Geschnarche den Gottesdienst.

Da hat der Pfarrer eine gute Idee: Er gibt dem Enkelkind jedesmal fünfzig Pfennig, wenn es seinen Opa zuverlässig aufweckt. Und das klappt auch prima!

Doch eines Sonntags schläft der Opa wieder ein und schnarcht, wie man es von früher kennt, und der kleine Junge holt sich auch seinen Fünfziger nicht mehr ab.

Da knöpft sich der Pfarrer den kleinen Felix vor und fragt ihn: „Warum holst du dir denn den Fünfziger nicht mehr ab?"

„Den brauche ich nicht mehr!" antwortet der. „Der Opa gibt mir jetzt jedesmal eine Mark, wenn ich ihn nicht aufwecke!"

Opas Tod

Judiths Großvater ist gestorben. Als sie vom Kindergarten heimkommt, will die Mutter ihr das schonend beibringen.
„Liebe Judith", sagt sie, „dein Opa ist dahin gekommen, wo alle Menschen einmal hinkommen."
„Dann weiß ich schon", sagt die Judith, „nach Mallorca!"
Jetzt muß die Mutter ihr natürlich die Wahrheit sagen, und da bekommt Judith ein ganz trauriges Gesicht.
Nachmittags ist sie aber schon wieder ein bißchen frech. Da mahnt die Mutter: „Wenn das jetzt oben dein Opa sieht – was wird der nur von dir denken müssen?"
Judith erschrickt natürlich, weil sie daran gar nicht gedacht hat. Aber dann sieht sie die Brille vom Opa auf dem Fernsehtisch liegen und ruft erleichtert: „Der Opa kann mich ja gar nicht sehen – da liegt ja seine Brille!"
Vor dem Gang zur Beerdigung sieht die Mutter gerade noch, wie sich Judith den roten Pulli angezogen hat. „Das geht aber nicht!" schimpft sie entsetzt. „Der wird sofort wieder ausgezogen!"
Da stampft Judith mit dem Fuß auf den Boden und protestiert: „Und wenn ich den roten Pulli nicht anziehen darf, dann freut mich die ganze Beerdigung nicht!"

In früheren Zeiten

Eines Abends nimmt der Großvater seinen Enkel Markus zur Seite, um ihm von seiner Kindheit und Jugend zu erzählen: „Nach dem Krieg haben wir sogar noch im Fluß schwimmen können. Im Park sind wir auf die höchsten Bäume raufgeklettert und haben Maikäfer geschüttelt, daß sie nur so heruntergeprasselt sind. Wir haben sogar ein Pony gehabt und ein kleines Wägelchen dazu, mit dem wir immer die Kohlen heimgefahren haben!"
Da seufzt Markus ganz tief und meint: „Oh Opa, warum haben wir zwei uns nicht schon früher kennengelernt!"

Der Neuzuzug

Birgit kommt nach der Sonntagsmesse in die Sakristei, weil sie sich als Ministrantin anmelden will. Sie erzählt dem Pfarrer, daß sie Birgit heiße, daß sie ganz neu in die Gartenstadt gezogen sei und daß sie jetzt mit ihrer Familie in einem kleinen Häuschen gleich nebenan wohne.
Da freut sich der Pfarrer und fragt: „Bist du denn die Älteste in der Familie?"
„Nein", sagt Birgit, „mein Vater und meine Mutter sind älter."

„Und das kleine Mädchen, das neu in unseren Kindergarten gekommen ist, ist das dein Schwesterchen?"
„Ja", nickt Birgit, „aber die ist nur ganz weitläufig mit mir verwandt, denn ich bin das erste Kind von meinen Eltern, und sie ist das sechste!"
Und dann erzählt sie noch von ihren vier Brüdern. Es sind zwei Zwillingspärchen.
„Das heißt auf deutsch: Deine Eltern haben sechs Kinder, die eine Menge Geld kosten!" meint der Pfarrer.
„Nein, überhaupt nicht", widerspricht Birgit, „die kosten ja nichts, die kriegen wir immer so!"
„Da werdet ihr ganz gewiß froh sein, daß ihr jetzt ein ganzes Häuschen für euch allein habt!"
„Ja, denn auch der Opa wohnt noch bei uns."
„Und wie alt ist der?"
„Das weiß ich nicht so genau, aber wir haben ihn schon lange. Er ist auch schon ganz taub."
„Hm, das tut mir aber leid für ihn, denn das ist ein schweres Los."
„Ja", nickt Birgit zustimmend. „Vorgestern ist allerdings ein kleines Wunder geschehen: Als das schwere Gewitter war und der Blitz gleich neben unserem Haus eingeschlagen hat, da hat der Opa ‚herein' gerufen!"